第三帝国

斯大林格勒

美国时代生活编辑部 / 编

罗宁晖 / 译

修订本

海南出版社
·海口·

目　录

附　文

致读者

首先应当承认，本书的策划并非出自我本人的想法。

事实上，当一小批时代生活图书公司的编辑和作者开始极力主张推出这样一个系列的时候，我的第一反应是："有关第三帝国的话题难道还能有什么新意吗？"

可是，当前往柏林、华盛顿和莫斯科的采访人员逐步发回他们的稿件——私人珍藏的回忆录和相册堆满了我的办公桌——目击者的记录和官方秘藏的文件被一一发掘出来之后，我觉得我的疑问已经找到了最好的答案。

我们正在接近一项重大的成果：对纳粹统治下的德国的一个全新的认识——从第三帝国的内部来解剖它。

本系列共有21本。每一本都向您展示了第一手的私人记录、从未发表过的照片、亲历者的回忆录和新解密的官方档案。它们恰如一幅徐徐展开的巨型画卷，将您带回那腥风血雨的黑暗时代，让您仿佛置身于喧嚣狂热的柏林、遍地瓦砾的华沙、燃烧的斯大林格勒、沙尘滚滚的北非，恍如走进了令人不寒而栗的集中营、党卫队的秘密会议室、希特勒的办公室、他的书房和卧室，甚至把握到他的思想动态。每一本都有一个中心主题，整个系列连起来则构成了迄今为止最完整、最细致的"第三帝国史"。

这就是我们所做的工作，让真实的历史说话。

时代生活编辑部主编乔·沃尔

　　阿道夫·希特勒于 1942 年 6 月 1 日在乌克兰的南方集团军群司令部和他的将军们讨论"蓝色行动"——进攻苏联的更新方案，此时他的副手鲁道夫·施蒙特（远处左侧）正与第 2 集团军司令马克西米利安·冯·韦希交谈，希特勒则向不久将接任第 4 集团军临时指挥官的汉斯·冯·萨尔慕特阐述其观点。第 6 集团军司令弗雷德里希·保卢斯（正对镜头者）正同空军总司令威廉·凯特尔交谈。

　　希特勒的将军们对"蓝色行动"心怀疑虑，这是一个野心勃勃的计划，其目的是深入高加索地区，占领产量丰富的油田，同时包围并歼灭那些毫无疑问将会加强防御的苏联军队。

1. 取得东线胜利的大计划

当弗朗茨·哈尔德将军乘坐他的专车穿过位于东普鲁士拉斯滕堡附近那片参天的掬木林时，身心俱疲的德国士兵们翘盼已久的春季才刚刚到来一个星期。此时是 1942 年 3 月 28 日，这位温文尔雅的最高统帅部的首脑，正在赶往"狼穴"参加一次重要会议的路上，"狼穴"是一座由构筑严密的堡垒和木制房屋交相掩映组成的混合建筑体，介于一座集中营和一座修道院之间，某位将军称，这里是阿道夫·希特勒指挥部队作战的地方。

狂风呼啸着掠过树林，然而却已不那么猛烈了，它带来了春天的气息。在东方的苏联，自北方的巴伦支海到南方的黑海，春天已经在解冻这条延伸达 1500 多英里的冰冻的战线。由于解冻后形成的大片泥潭，双方的行动都受到很大的限制。在被迫休战之后，德国的官兵们在推测，在何时与何地，最高统帅部将要重新调整攻势。

哈尔德清醒地认识到，冬季的惨重损失表明，自去年 6 月份发动入侵苏联的"巴巴罗萨"行动以来，在如此广阔范围内展开攻势，甚至只是企图都显得那么愚蠢。今年，德国人将不得不把注意力集中在一个方向上。

1942 年初夏，当希特勒向高加索推进时，一支装甲先头部队把一座沉睡的乌克兰村庄变成了坦克、半履带输送车和装甲运兵车的集结地。在画面中央，军官们在一辆指挥车附近讨论作战计划，而画面上方的坦克兵们在等待命令。

希特勒已经向哈尔德透露过一旦路面变干他打算进攻的地方。不是在北方，在那里尽管已有近百万市民因为疾病和断粮而死亡，列宁格勒却仍然在德军重重包围中坚守不破。也不是在中部，在那里，苏联人在恶劣的气候下发动惊人的反攻，已迫使德军先头部队自去年 12 月份以来，首次从莫斯科后撤了约 20 英里。

反过来，希特勒希望完成一次大胆的冒险，南方集团军群向东南方向直插，经乌克兰进入高加索。这个资源丰富的地区，位于黑海和里海之间，苏联约 70% 的石油开采生产出自这里。一旦国防军占领了这片油田，切断苏联的石油供应而加强德国自己可怜的石油储备，希特勒计划向更南方挺进。他的纵队将会插入伊朗境内，并切断苏联为美国补给船只所开辟的主要补给线。然后，德国军队将与由埃尔温·隆美尔将军统率的非洲军团相互配合，该军团同时将把防守埃及的英国军队分割歼灭，并且夺取阿拉伯半岛丰富的石油资源。

哈尔德对这个"伟大"计划颇有疑虑。自从入侵苏联这 9 个月以来，德国已经有近 110 万官兵阵亡、负伤或失踪，另有 50 万人病倒或遭受冻疮。许多步兵师正以 50% 的满员率坚持作战，而且运输车辆不济使得一些侦察营仍然以自行车作为代步工具。在糟糕的冬季里，有约 7.4 万辆运兵车和其他车辆损失，且只有 10% 得以更新；同样严峻的是，死亡的 18 万头驮运牲畜只得到不足 1/10 补充。在军队可以重新获得作战能力以

1942 年 5 月初，3 个德国集团军群在北起芬兰湾、南至黑海长达 1500 英里的曲折的战线上，呈圆弧形状展开两线作战。在否决了重新部署向莫斯科突击的提议后，希特勒把他的目光转向高加索的油田。但是，他首先得歼灭斯大林格勒西面顿涅茨河与顿河之间大河湾处的苏联红军。他为了达到这一目的而制定代号为蓝色行动的计划，要求南方集团军群完成一系列包围的任务。当中央集团军群和北方集团军群消除敌军部队以及战线后方游击队的干扰后，并以此巩固己方战线之后，为攻击做好准备的南方集团军群将会把苏联人从东克里米亚的刻赤半岛驱逐出去，调整对塞瓦斯托波尔的包围攻势，并且消灭伊苏姆突出部的苏军。蓝色行动随即便可展开。南方集团军群的北翼部队将发动一次钳形攻势，目标是合围沃罗涅日以西的苏联军队。此后，北翼的两支部队将会师，合军向米雷罗沃东南推进，同从哈尔科夫地区向东进军的部队会合。这些部队将向东挺进，加入南方集团军群的南翼部队，在顿涅茨河下游和斯大林格勒之间形成一个三重的包围圈。有了北方侧翼的保护，就可以展开一次向高加索地区三箭齐发的攻势。

在南翼的大胆计划

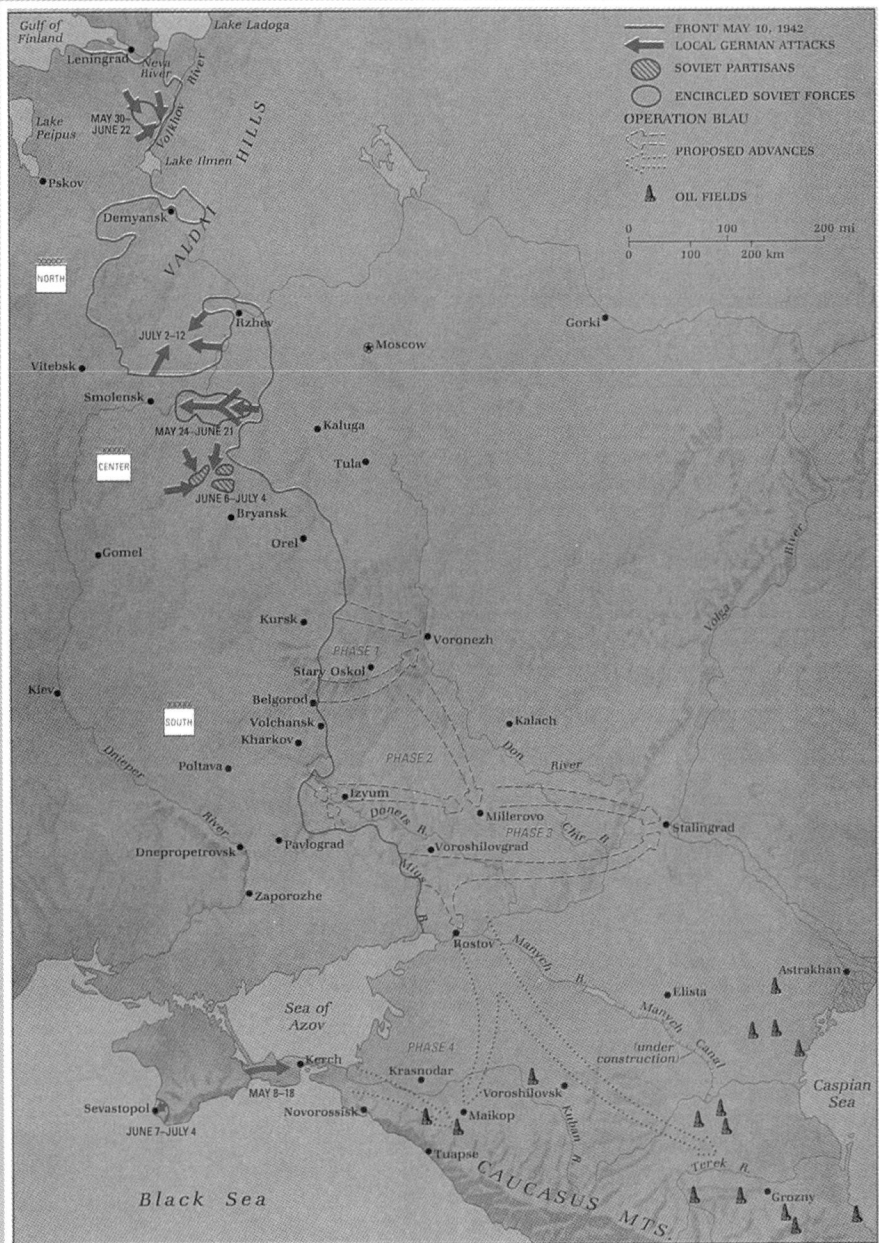

前，哈尔德更倾向采取一次有限的攻势，最好是针对最高统帅部的首选目标——莫斯科。

　　然而，当哈尔德在那个狂风肆虐的3月天到达"狼穴"报到时，他还是隐藏起他深深的疑虑。尽管一位当事者事后写道，在这个3小时的会议上，"可以明显感觉到哈尔德的不安"，但是这位最高统帅部的首脑为了响应元首的意愿，仍然不带反对意见地提出了一个作战计划。这位小心谨慎的将军此前曾向元首坦陈诸如苏军人力和武器等问题，现在却极少用这样令人不快的事实来打扰他。"任何富有逻辑性的讨论都会产生问题之外的麻烦，"哈尔德在战后评价希特勒时说，"他会口沫横飞，挥舞着拳头恐吓我，或者用他最大的肺活量尖声咆哮。"

　　在会议后，为了周密行事，希特勒向他的武装部队最高统帅部的成员们调整了作战计划。元首自对苏战事开始以来就不断地对战术和行动事务进行干涉，而自从1941年12月他接手军队最高指挥权以来，他还曾自我宽慰，正是由于他坚决反对将军们提出的撤退请求，才使军队得以安全地度过了冬季。尽管"狼穴"的客人们向他汇报时是心情抑郁和扭曲的，希特勒仍然坚持干预战事的所有方面，甚至向下干预小到步兵营的行动。于是，当同哈尔德等开会一周后，他对重新制订的计划表示不满时，没有人感到惊奇。关于这个新的版本，希特勒认为它对战地指挥官赋予了过分的自由。他声明说：

德国军队向其部队授予多种勋章。至少参加过3次战斗的步兵被授予"步兵突击勋章"；支援部队如炮兵赢得"一般突击勋章"。击落至少4架飞机的防空高射炮连队官兵被授予"陆军高射炮勋章"；"坦克战斗勋章"则授予至少在3次不同的交战中参加战斗的坦克兵。

步兵突击勋章

一般突击勋章

陆军高射炮勋章

坦克战斗勋章

"我将会自己来处理此事。"随后，便开始对计划的大部分进行重新编写。

1942 年 4 月 5 日，希特勒签署了第 41 号元首令，明确了今后数月中他的东线部队的目标。南方的主要攻势现在被代号为"蓝色行动"，以此替代最高统帅部原先的"西格弗里德行动"。巴巴罗萨计划没有完成速战速决的既定目标，使得希特勒对此后的行动以条顿英雄们命名感到颇为别扭。而由元首重新拟定的计划过分注重细节，战略目标模糊不明，并且完全忽视了苏联方面的反击能力和力量对比的问题。

根据这个行动计划将发动一次重点攻势，包围并歼灭顿涅茨河与顿河间的大批苏军，这个地区位于斯大林格勒以西。斯大林格勒是伏尔加河上的铁路枢纽和重要港口，但计划中却没有明确讲清对它的具体行动，只是命令要保护在高加索主攻方向的左翼，任何行动都是为了"逼近斯大林格勒城区，或者至少将这座城市置于重炮的火力之下"，这样便可使得该城再也无法成为工业或商业中心。然而，在此后的数月中，征服斯大林格勒的努力却使它不仅成为此次进攻的焦点，也成为这场战争的转折点。

当德军为"蓝色行动"做准备时，自南方的克里米亚通往北方列宁格勒的各个方向上，已经有多次的战役打响。希特勒的命令中指示"要肃清并且巩固整个东部战线"。与此同时，苏军最高统帅部下达命令，将就

13

苏军在列宁格勒遭受失败。1942年7月12日，苏联安德烈·弗拉索夫将军被俘后同一位女伴无奈地等待他们的命运。德军部队发现这两人隐藏在离战场不远的一座农场的工棚里。弗拉索夫在接受审讯（图中左侧），他同意作为"俄罗斯解放军"的首脑，召集苏军战俘同德国军队一同作战。

地发起的攻势作为其"主动防御"战略的一部分，其部队将即刻投入到战斗中。

希特勒急需肃清克里米亚半岛上顽强的苏军坚守部队，以此确保他那庞大的南线侧翼，以及通向高加索方向的后门。这一任务落到了南方集团军群右翼部队的身上，该部队由第 11 集团军和若干罗马尼亚师组成，由埃里希·冯·曼施坦因将军统一指挥。5 月 8 日，曼施坦因从陆路和海上向克里米亚东端发起了攻击，发动了一次为期 8 周的浩大战役，最终结果是俘获了大约 27 万苏军官兵，并且成功包围了塞瓦斯托波尔的防御堡垒。

与此同时，在 1000 余英里以外的北方，曾在列宁格勒持续了 8 个月之久的战斗又再度打响。3 月底，安德烈·A. 弗拉索夫将军接手陷于瘫痪的第 2 突击集团军的指挥，他是一位精力充沛的苏军指挥官，曾在冬季于莫斯科前沿发动的反攻中证实了他的英勇气概，而在为解围列宁格勒发起的攻势中，该集团军于沃尔霍夫河旁的沼泽地曾遭到伏击并损失惨重。弗拉索夫被命令粉碎德军的包围，使 13 万人的部队脱困并重新运动起来。

北方集团军群的德军向此方向压过来，希望收紧在沃尔霍夫包围圈的袋口，而此时弗拉索夫的集团军则反复试图与自东面发起攻击的苏军建立起联系。苏联人的救援行动只能短暂地冲破包围圈——比如在 6 月 19 日，十余辆 T–34 型坦克在夜间杀出血路，开辟了一条约 150 码宽的补给通道，然而又看着它很快被封死了。弗拉索夫本人则拒绝乘坐莫斯科派来解救他的飞机逃离包围圈。

6 月 22 日，包围圈最后一次合围。在接下来的一周里，大约有 3.3 万名已弹尽粮绝的苏军官兵投降；第 2 突击集团军剩余的 10 万人已战死或正处在垂死的边缘。在打扫战场的时候，一支德军巡逻队在一座农场的工棚里发现了弗拉索夫。他随即被俘，这位曾是英雄的将军马上就变节了：他同意接手指挥"俄罗斯解放军"——一支由德国人从战俘营的俘虏中征召的伪军部队。

在南方，即战线的中部，德军的行动仅限于调整在冬季残酷的战斗中留下的蜿蜒曲折的战线。在这个方向上，是一些充满危险的、复杂的突出部和孤立的战斗区域，这使得这个直线长度仅 350 英里的地区蜿蜒曲折，战线长度达到其实际的 3 倍。在这条战线上，至 7 月中旬，中央集团军群发动的 3 次行动俘获了 5 万名俘虏。

在其他战线，比如南方集团军群的战线，也就是即将开始进攻的"竞技场"，德国人发动了一次准备性的行动，以此来清除苏军战线上带来麻烦的突出部。红军突出部自顿涅茨河向西方伸出，直伸入德军战区内，那里将成为蓝色行动的兵力集结地。作为苏军冬季攻势的战绩，这个突出部伸展到伊苏姆城河岸的另一边，向北可达巴拉克莱亚，向南至斯拉夫扬斯克，向西延伸约有 60 英里的距离。伊苏姆突出部不仅仅影响到蓝色行动的准备工作，而且看上去是向由德军控制的哈尔科夫发动攻击的潜在的跳板，这里位于伊苏姆西北约 75 英里。哈尔科夫，这座苏联第四大城市，现在是德国国防军的补给中心。

清除该突出部的计划在费多尔·冯·博克陆军元帅的指挥下于 3 月份展开，这位刚刚于 1 月份接管指挥权的南方集团军群司令官，1 个月前以健康原因在莫斯科前线被解除了中央集团军群的指挥。作为一位将军的儿子，博克身上集中体现了普鲁士军人的传统品质，这些都会引起希特勒的满心愤懑。但是这位古板的、贵族气的陆军元帅在此前的战斗中赢得了高度的评价，无论是兼并奥地利还是入侵法国。

5 月 1 日，即博克签署向该突出部发动进攻的弗雷德里克行动的最后指令的一天之后，一份包括多项内容的备忘录从德军最高统帅部新任的东线情报首脑陆军中校莱因哈特·格伦那里送来。在谍报人员拦截苏联人广播所获信息的基础上，结合特务传回的信息和其他信息来源，格伦的报告警告了苏联人即将发动的"消耗性攻势"。格伦还特别提到了苏军在伊苏姆突出部的可疑动向，并且提出了哈尔科夫攻势的可行性。格伦的错误仅仅在于他未能掌握行动的规模，实际上已经有大批的苏军部队正在顿涅茨河西岸集结。在伊苏姆战区和沃尔坎斯克一个小的桥头堡内，即伊苏姆以北 80 英里处，至少有 5 个苏联集团军正在集结，包括了 64 万人和 1200 辆坦克。

苏军于 5 月 12 日早晨发动了攻击，比德国人对该突出部进攻计划的开始早了 6 天。在 1 个小时的空军和炮兵火力攻击之后，苏军指挥官塞米扬·铁木辛哥元帅动用了 3 个强大的装甲和步兵纵队来进攻德国第 6 集团军。一个纵队逼近自沃尔坎斯克突出部向西南方向的哈尔科夫地区。另外两个纵队则跳出了伊苏姆突出部：一支冲向西北方向的哈尔科夫，另一支则向西方方向距哈尔科夫西南 60 英里的克拉斯诺格勒的铁路枢纽突进。

这次冲击确实让德国人震惊不已。第 6 集团军报告至少有 12 个苏军步兵师和 300 辆坦克在第一波攻击中突破了他们的阵地。截止到中午，德军战线在 3 个方向上都遭到突破。在西面，德军和罗马尼亚军队的师团在克拉斯诺格勒前线撤退，可怕的是在北面的第 6 集团军和南面的克莱斯特坦克集群之间的连接上打破了一个缺口。那天晚上，红军的坦克到达哈尔科夫东北距该城仅仅数英里的地方。

面临这样的危险局面，博克于 5 月 12 日夜间打电话给最高统帅部。他告诉哈尔德，德军自己的局部攻势即"弗雷德里克行动"将不得不被取消，而部队要重新集中来防御哈尔科夫城。哈尔德引用希特勒的指示，答复说将不会有什么重新集中的计划来修正"小小的瑕疵"。"这不是什么小瑕疵，"博克反驳道，"这是生

当哈尔科夫附近激战正酣之时，德军第 6 集团军的步兵跋涉经过一座正在燃烧的村庄。苏军于 5 月 12 日发动的猛烈反击使在该城市南部的德军感到震惊。一名德军士兵写道："看上去敌军真的想把所有的赌注都压在这拼死一搏上了。"

从后方应召前来
支援第6集团军破碎
的战线，第305步兵
师那些筋疲力尽的士
兵们在向哈尔科夫强
行军后，正在作短暂

死攸关的大问题！"

　　两天后，当苏军的进攻在其战线上打开了更大缺口之际，博克再一次尝试。他建议从南方的埃瓦尔德·冯·克莱斯特将军的部队中抽调3或4个师，以此帮助第6集团军阻止苏军在哈尔科夫城下的猛烈进攻。但是希特勒不予理睬。元首承诺从北方克里米亚抽调俯冲轰

休息。这个地区崎岖不平的地势给正设法转移人员和装备的德国军官们造成了很大的困难。

炸机编队来协助，但是他固执地坚持开始"弗雷德里克行动"尽管原定的钳形攻势已不可能完成。作为钳形攻势的一支，第6集团军被困在北方，博克仅能以他的克莱斯特集群发动攻击，该集群由第17集团军和克莱斯特自己的第1坦克集团军组成。

博克于5月17日凌晨3点发动了仅剩半钳的进攻。

事实证明了希特勒对战局的先见之明。苏联的先头部队如今距离博克在波尔塔瓦的指挥部仅约 30 英里。但是这些纵队现在却被分展开来约 70 英里的长度。他们已超出了后勤补给的范围，而克莱斯特的师团在早晨自南面猛攻苏军开放的侧翼。

克莱斯特集群在顿涅茨河附近，自洛左瓦亚向东至斯拉夫扬斯克约 60 英里长度的战线上攻击苏军。在这些步兵师和装甲师中引导攻击的一个营是操法语的比利时瓦隆族人。作为一支由志愿者组成的军团，这些瓦隆人稍后被合并入党卫队预备队作为一支独立的部队，他们作为一个独立单位在艾伯哈德·冯·麦肯森中将的第 3 装甲军序列中展开行动，这个军是克莱斯特进攻的先头部队。这支原本只有 850 人的小分队在 1941 年作为瓦隆人战斗营召集起来，在这场战争中仅有 3 人幸存下来。

5 月 17 日早晨，这些瓦隆人展现了惊人的起智慧和勇气。他们顶着猛烈的炮火和机枪火力，躲在随处可见的干草堆下，以干草堆为掩体，沿着小山谷向亚布伦斯卡亚的一座村庄推进。然后，他们的战友们从附近小山上通过望远镜观察时惊奇地发现，这些干草堆正在移动。

"他们就像是一群乌龟，偷偷摸摸向苏军阵地推进着，"曾与这些瓦隆人一起服役的比利时法西斯党领袖莱昂·德格莱尔如此写道，"这真是个奇怪之极的景象，既有趣又刺激。苏联人竟无法用机枪准确地封锁这个山谷。这些干草堆每向前移动几米就会停下来。这里有许多干草堆，对苏联人来说几乎不可能找出哪些才是我们这些狡猾的战友们真正的藏身之所。"

这些比利时人在干草堆里快要热得发昏了。但是他们始终保持一英寸一英寸地向前推进将近两个小时，他们中多数都进抵到低处沟壑的掩体处。与此同时，德军炮兵终于找准了射程，和一支超过 60 架俯冲轰炸机的航空编队一同猛烈轰炸亚布伦斯卡亚附近的苏军阵地。顽强的抵抗最终在下午 3 点钟结束。"我们的士兵随即跳出他们的干草堆，"德格莱尔写道，"他们不愿让其他人享有首先进入这座正在燃烧的小城的荣誉。"

5 月 17 日晨，来自第 466 步兵团的一个柏林人组成的连队在反击猛烈的抵抗时，也采用了非常规的战术。起先，由于俯冲轰炸机为其铺平了道路，进展较为顺利。这个团也得到了第 616 陆军高射炮营的 20 毫米口径自行高射炮的支援。在烽火前线上，第 616 营的炮兵们同这些柏林人并肩作战，用火炮水平射击的方法向地面目标开火，取得了较好的效果。但是地雷区、密集的矮树丛、战场上到处横陈着砍倒的大树，以及隐藏在小块阵地里的苏联士兵都延缓了推进的速度。

柏林人冲进了一个少见的坚固的防御工事，它位于一座叫玛亚基养蜂场的集体农场中。为了将那里的机枪和迫击炮群打哑，他们召来炮火支援。情报通过电台传回去，几分钟后，炮弹开始如雨般落在农场前。掩护炮火引来苏军武器的齐射还击。

穿过枪林弹雨，德国人突袭了苏军的一个战壕。"苏联人还在里面，靠在战壕边上蜷缩着，"一名士兵写道，"突袭的德军部队跳进去，并且同样地低头俯进，逼近战壕的墙边，寻找掩体躲避落在战壕前面、后面和里面的炮弹。他们蜷曲着身体，同苏联人一样趴着。双方谁都没有同对方搏斗。每个人都尽量贴在地面上。在那一时刻，他们只是出于人类的本能，试图从这些充满危险的、发出尖锐声音的、热得发红的弹片中拯救自己。"

半小时后，炮火掩护戛然而止，战壕里处于暂时的休战状态。德国人跳起来，用俄语大喊："举起手来！"随即解除了战壕中苏联士兵的武装。当重新开始前进时，他们很快就发现自己眼下所处的境况还不算太糟糕。他们闯进了一个苏军战地厨房，这里正准备供应热气腾腾的早餐。在那些苏联厨师惊恐的目光注视下，柏林人迫不及待地排成行，举着枪，挨个领取从天而降的茶和小米粥。

克莱斯特的纵队沿着战线切入了苏军的南部侧翼。在克莱斯特的左侧，第3坦克军向北方推进了15英里，并在首日日落时进抵巴尔文科沃。在右翼，第17集团军甚至推得更远，占领了通往伊苏姆通道的超过2/3的区域。当这些先头部队威胁到将这个70英里长的突出部同它的后方分割开时，延误和犹豫不决严重困扰着苏军部队。直到那天早晨，苏联指挥官铁木辛哥元帅才决定将他尚保存有战斗力的两个坦克军投入战斗——但这已经太迟了。他们被抽调增强向哈尔科夫方向的进攻，这对于向西北方向挫败克莱斯特由南面发动的突然袭击而言，实在是过于遥远了。那天夜晚，尽管斯大林顽固地坚持加强针对哈尔科夫的攻势，铁木辛哥仍抽调了一个坦克军用于应对其背后的威胁。

德军进攻的第二天，即5月18日，战斗演变成一场溃败。再一次地，德军航空兵扮演了关键的角色。为了实现对博克的许诺，希特勒从克里米亚抽调了具有强大战斗力的第8航空军，加入了业已参战的第4航空军的行列中来。这次空军兵力集中带来的冲击，竟戏剧性地使一名叫本诺·齐塞尔的士兵以及他那些摩托化步兵师的战友们找到了避难所。苏军迫击炮的火力正延缓着他们推进的速度，并且开始导致大批的伤亡。

"在那一刻，"齐塞尔写道，"我们获得了意料之外的帮助。3架俯冲轰炸机吼叫着飞过来，飞得很低，并以越来越小的角度盘旋了两三次。然后突然间它们向下俯冲过来，将它们所有的弹药倾泻下来，并且呼啸着从我们头顶飞过。子弹从它们的机枪口狂喷而出。本能地，我们将脸伏在土里。我们的神经在那个要命的时刻都绷得紧紧的。它们是不是把我们当成了苏联人？但是随即我们就看到曳光弹准确地射向我们认为很可能是敌军藏身处的地方。我们的飞机向高处爬升，盘旋了一小会儿，然后再一次向那些苏联人猛扑下去。向我们的射击停止下来。我们又一次接到命令向前冲锋，然而这一次恐惧不再像此前那样摧击我们的心脏了。"

第二天，在德军航空兵的"钢铁覆盖"作为先头攻击之下，德国人在苏军的侧翼撕开了一个40英里宽的口子。坦克部队和汽车输送的步兵部队肃清了顿涅茨河西岸通往伊苏姆以北的所有通道，将苏军的通道压缩成一个仅20英里的袋口。现在，很明显，他们向西方挺进的可能性已十分微小，苏军指挥官再一次向莫斯科求助。而直到第二天晚上斯大林才取消对哈尔科夫的进攻。在那一时刻，铁木辛哥按照他自己的意愿行事，已经开始展开他的部队反攻克莱斯特的南部侧翼。

这次调动来得太晚了，已不足以削弱克莱斯特从南面的攻击。但是，在同一时间，北面德军第6集团军的压力却骤然减轻了，这样一来便使其指挥官弗雷德里希·保卢斯将军加入到扩大包围圈的战斗中。稍后在5月19日，当克莱斯特将伊苏姆突出部的袋口收紧至15英里时，保卢斯的部队从北面逐步逼近。现在，在弗雷德里克行动中原本预期的两个钳形攻势均已开始，其威力可围剿超过20万的苏军。"现在，"博克在第二天晚上的日记中写道，"一切都将向好的方向转变了！"

当钳形攻势逼近时，坦克先头部队面临着它们在去年夏季遭到反攻时同样的绝望战术。苏军士兵们藏身在伪装良好的阵地里，放出经过训练的背负炸药包的军犬，直冲向坦克的底部。这些军犬背着由喷射爆破拉杆

粉碎苏军进攻

1942年5月12日，即"弗雷德里克行动"——德军进攻伊苏姆突出部的计划——开始6天前，苏联人发动了一次强大的两面攻击，计划包围哈尔科夫周围的德军，并重新夺回这座城市。当第28集团军于哈尔科夫东北向德军战线发起攻击时，苏军第6集团军从伊苏姆突出部的北面和西面发动攻击。预计将作为"弗雷德里克行动"北翼铁拳的德军第6集团军遭到沉重打击，而苏军先头部队很快就前驱至哈尔科夫和克拉斯诺格勒。由于第6集团军陷入困境，希特勒被迫下令"弗雷德里克行动"的南侧部队投入战斗。5月17日晨，由第17集团军和第1坦克集团军组成的克莱斯特集群突破了该突出部的外围防线，并且绕到了苏军的背后。当苏联人转而对付这一威胁时，德国第6集团军发起了反攻，阻挡苏军继续前进，并且同克莱斯特集群合围，将超过24万人的红军部队分割包围起来。

引爆的炸药包靠近这些车辆，跟随坦克的德国步兵在它们造成大的伤害之前将这些军犬一个接一个地射杀，但是由此前进的道路上遍布充满危险性的动物尸体。

5月22日下午，这个被收紧的口袋收口了。克莱斯特的第14坦克师的装甲部队进抵巴拉克莱亚以南的顿涅茨河。自河岸远端，他们受到从北面过来的第6集团军步兵们的欢呼。他们的会师以及第二天早晨装甲部队向西10英里的合拢，使得包围圈得以合围。

当德国人收紧顿涅茨河西面的套索之时，斯大林拒绝派出增援部队解救铁木辛哥被围攻的部队。保卢斯将军的儿子恩斯特在坦克部队中服役，曾在战斗中负伤，后来，保卢斯在一封给他的信中写道："一名落入我们手中的苏联军官向我们交代说，铁木辛哥本人碰上了坦克遭遇战，亲眼看见了他的前锋部队尤其是他的坦克被炸得粉碎，他惊叫道'这简直太可怕了！'随后，未发一言，掉头离开了战场。"最后，被围苏军的整个集团迫不得已采取人海战术。夜复一夜，在德军照明弹的光芒下，成千上万的苏联士兵用伏特加来提振精神，手挽着手，然后用他们自己的身体去堵敌人的枪弹和坦克，以这种毫无用处的努力来争取突围。其他人则自暴自弃地投降了。

在5月28日晨战斗结束后，德国人声称俘获或消灭了24万苏军及1200余辆坦克。在这一区域和克里米亚进行的为期3周的包围圈战斗中，德军击败了6个苏

通过军事望远镜观察前方，第 3 坦克军指挥官艾伯哈德·冯·麦肯森将军在哈尔科夫战役期间关注其师团的进展情况。由于他在此次战斗中的表现，他被授予银橡叶骑士铁十字勋章。

联集团军并俘获了 40 万战俘。"我们又找到了新的希望和信心，"一名士兵事后回忆道，"我不认为我们当中有人会不确信这点，我们将要赢得这场战争。我们都处在这样陶醉的心境之中。"

希特勒也充满信心。他由于对南方的进展感到兴奋，而在 6 月 1 日飞抵博克在波尔塔瓦的指挥部，为蓝色行动讨论最终方案。据保卢斯所说，元首没有将斯大林格勒作为一个重要的目标而提及，却将目标锁定在高

5月28日哈尔科夫附近最后20余万红军投降后，士兵们正在向前方行进着。德军的一项指令命令道："任何战俘的抵抗行为，哪怕是消极的，都将用武力予以镇压（如用刺刀、步枪托或是其他轻武器）。"

加索的两座城市，他说："如果我们不拿下麦伊科普和格罗兹尼的话，我将不得不终止这场战争。"

博克则没有他的总司令那样乐观。他表示了对将会在战线后方集结的苏军残余部队的担心。"那么这些残余部队是由什么组成的呢？"希特勒反驳道，"他们是来自哈萨克斯坦蠢笨的采棉花的农民，东西伯利亚的蒙古野蛮人，只要听到俯冲轰炸机的第一次轰鸣就会吓得望风逃窜！我告诉你，博克，我们揪住他们的衣服后摆就能抓住他们！我们的格言就是：进攻！进攻！再进攻！这一次不会有恶劣的冬季天气来拯救他们了。我们将会占据高加索，并且长期地使用他们的油田！"

博克的谨慎态度触怒了希特勒。在返回德国的飞行途中，他向其助手透露了将在战争胜利后让这位老资格的陆军元帅退休的想法，他声称："他太保守了，不适宜参与我们未来的计划。"

哈尔科夫战役延缓了蓝色行动的准备工作，而现在希特勒决定进一步推迟这一计划。为了充分利用这一地区苏军明显的混乱状况，并进一步确保这一大规模攻势的发起阵地，元首下令发动两个小规模的作战。第一个作战于6月10日发动，消灭沃尔坎斯克突出部残留的苏军，并在哈尔科夫东北，顿涅茨河东岸建立桥头堡垒。第二个攻势于6月22日开始，肃清位于顿涅茨河及其支流之间伊苏姆以东的地区，即奥斯科尔地区。这些攻势使得红军又有4.7万人被俘，并且为蓝色行动预先建立起了出发点。

与此同时，希特勒又发动了一次欺骗性的战役将苏军的注意力从南方前线转移开来。他希望让苏军确信，莫斯科比起高加索而言，将更会成为此次夏季攻势的首要目标。为了这一最终目的，宣传部长约瑟夫·戈培尔动用特工人员在新闻报刊上编造虚假的故事，并且在中立国葡萄牙里斯本这样的城市制造谣言。

与此同时，据称负责"莫斯科攻势"的中央集团军群司令部承担了一系列代号为"克里姆林行动"的佯攻计划。一份要求"尽早重新对莫斯科发起进攻"的虚构指令已于5月29日由集团军群司令官古恩特尔·冯·克鲁格陆军元帅亲笔签署，并且通过有苏联情报部门监听的频率广播出去。分批向东潜入的德国谍报人员也带去了有关的信息，同时空军有步骤地在莫斯科区域上空展开侦察飞行。克鲁格的指挥官们向下分发了地图并召开作战会议。他的坦克也开始令人信服地准备工作，而只有少数掌握机密的高层军官了解这个攻势完全是捏造的。

对克里姆林行动的宣传达到了预期的效果，因为它们使得苏联领导人自己产生了疑惑。尽管希特勒并不了解这一点，斯大林已经对夏季目标将会是莫斯科半信半疑。希特勒此前已经尝试过，而斯大林认为他将会再一次尝试，要么是中央集团军群的迎头猛攻，要么可能是博克的南方集团军群北上的攻击。

与此同时，希特勒积极且秘密地为真正的目的准备着。他禁止战地指挥官用书面形式下达命令，并且指示他们向下级传达命令时仅仅使用最简练的口头命令。希特勒极其重视保密工作，即便是在五月苏军展开最猛烈攻势意图夺回哈尔科夫时，他也拒绝调动正专心备战蓝色行动的部队进行增援，因为他担心其他部队提前进入南方集团军群防区会引起苏联方面的怀疑，令他们觉察到德军正在酝酿一次更大型的军事行动。

就在希特勒的秘密行动看来将要得手之时，一名他手下最出色的坦克部队将军违反安全规定的行为差一点儿就将这一切摧毁。发生在 6 月 17 日这段情节由乔治·施图姆中将导演，这位备受尊敬的第 6 集团军第 40 坦克军的指挥官以"火球"的绰号而著称，因为他有着充沛的精力和通红的脸。遵从希特勒的保密指令，施图姆在向他的师指挥官下达第一阶段的进攻指示时尽可能用口头指令代替书面的文件。但是在一名指挥官恳求他"书面记录几点"以助于加深记忆之时，施图姆竟动了善心。他口授了约半页纸的记录，简述了这个军在蓝色行动最初几天的任务，并且将其复印件发到各师的指挥部去。

这个违反保密规定的行为看似无害，却在两天之后引发了严重的后果。6 月 19 日，第 23 坦克师作战指挥官约阿希姆·雷切尔陆军中校乘坐菲斯勒鹳式侦察机侦察哈尔科夫东北面的地形，他的几个团将部署在这里。他

参与作战任务的德军航空兵飞行员和机组人员有资格得到上图列出的 3 种勋章之一。轰炸机中队得到的勋章饰有一枚带飞翼的向下投射的炸弹图案（最上端），而战斗机机组人员的奖章则饰有一支带飞翼的利箭（图中）。一个经过修饰的老鹰头形授予侦察机和气象飞行中队（图下方）。铜质奖章颁发给至少参加 20 次作战任务的空军官兵，银质奖章授予参加过 60 次作战的人员，而金质奖章则颁发给参加过 110 次或更多次作战的官兵。

随身带着打印的施图姆将军的命令以及标注着该军所有师团的阵地和首要目标的地图。这架小型飞机迷路误入苏联领空，燃料箱被一枚炮弹击中，随后栽在苏军战线后方约两英里半的地方。

当晚，在同他的参谋部成员和师指挥官的盛大晚餐聚会上，施图姆得知了飞机失踪的消息。比起失落的文件来，雷切尔更加引起他的警觉。如果雷切尔落入红军审讯者的手中，他们将迫使他泄露他所知的有关蓝色行动的所有细节，包括其最终目标是高加索等。施图姆的担心在一架德军侦察机在第二天早间从失事飞机上空飞回后更加重了。他们没有发现那些文件的踪迹，但是附近的墓地却显示有两具尸体，可能就是雷切尔和他的飞行员，尸体已损坏得无法确定其确切的身份。德国人可以确定的唯一一件事情是苏联人已经到过这里。

这个令人震惊的冲击波通过各种途径传到希特勒耳中。尽管元首暂时还不能确定是否由于苏联人可能已知晓而取消"蓝色行动"，但有一件事却可以确定：他将会以施图姆作为惩戒的范例。对希特勒而言，这个疏忽是老牌军官们的军团不够忠诚的表现。"它是一次公然违抗的事件。"他的一位助手告诉应召前来"狼穴"应对此事的博克时如是说。一个紧急召集起的军事法庭认为施图姆和他的参谋长犯有随意泄露军令的罪责，并将他们判刑入狱。然而，作为监审官的帝国元帅赫尔当德军前锋穿过广阔的俄罗斯大平原向前推进时，第 23 坦克师的一组坦克乘员停下来观察远处炮弹爆炸的情况。"这里的空间如此广大，"一名德军说道，"以至于使得我们的士兵意气消沉。"

曼·戈林却说服希特勒网开一面，将这两位被告人发配到北非隆美尔的沙漠战争中去。作为隆美尔的副手，施图姆仍然保持了其火爆的坦克指挥官形象，他于10月份的阿拉曼战役中阵亡。

与此同时，希特勒命令蓝色行动按原计划进行。苏联人的确找到了雷切尔的文件，并很快呈报给苏联的统帅部门。斯大林亲自研究了地图和施图姆的笔录，并且判断了德军向顿河以东进攻，以及攻占哈尔科夫以北约175英里处的沃罗涅日的意图。但是这位苏联最高统帅的注意力现在已如此固执地集中在莫斯科，以至于他将这些文件搁置一旁，认为那不过是一个"情报人员伪造的巨大杰作"而已。甚至于可以将声称的对沃罗涅日的进攻当作针对莫斯科的攻势的开端，随后斯大林开始在沃罗涅日东北介于该城与首都之间的区域里集结部队。

蓝色行动的全部作战方案非常复杂，斯大林只看到了其一部分，所以可以理解他为何将其视为一个阴谋而已。攻势汇集了一系列连续的、相互呼应的进攻，战线从北至南大体上以哈尔科夫为中心，并且延伸到北自库尔斯克，南至亚速海。为进行这些进攻，博克可拥有大约65个德国师以及25个来自匈牙利、意大利和罗马尼亚盟军的师，共计约有100万人左右。

在第一阶段攻取沃罗涅日之后，这些分兵作战的纵队将集中起来向顿河方向直至罗斯托夫进行一系列复

向顿河的溃败

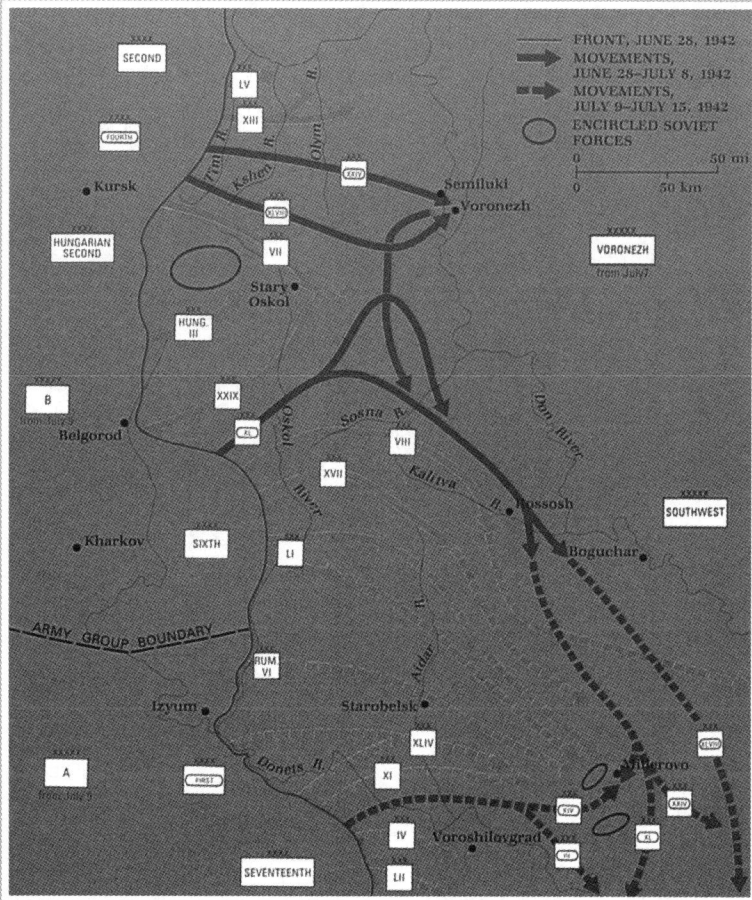

FRONT, JUNE 28, 1942
MOVEMENTS, JUNE 28–JULY 8, 1942
MOVEMENTS, JULY 9–JULY 15, 1942
ENCIRCLED SOVIET FORCES

0   50 mi
0   50 km

1942 年 6 月 28 日，南方集团军群指挥官陆军元帅费多尔·冯·博克发动了蓝色行动第一阶段的攻势，派遣霍特的第 4 坦克集团军的两个坦克军向东方沃罗涅日进攻。两天后，保卢斯的第 6 集团军从哈尔科夫以东的阵地出发。与德国人期望相反的是，苏联人朝沃罗涅日一路退去。进攻仅仅制造了一个包围圈，即在旧奥斯科尔以西，此处德军俘获了 7 万名战俘。抱着更大范围合围沃罗涅日的希望，博克命令保卢斯，在第 6 集团军向东南方向顿河地区紧追苏军的同时，调动第

40 坦克军的部队向东北方该城挺进。德军于 7 月 6 日突入沃罗涅日，但是希特勒却指责博克集中了过多的装甲部队并且延误了向高加索的攻势。7 月 9 日，他将博克的指挥权分解给利斯特指挥的 A 集团军群以及博克自己指挥的 B 集团军群。在同一天，利斯特的第 1 坦克集团军进攻了米雷罗沃，但是再一次地只俘获了少量战俘。7 月 15 日，希特勒为此次挫折而发泄怒火的方法就是解除了博克的指挥权。

黄鼠狼Ⅱ型SD.KFZ.131自行火炮

　　黄鼠狼的上部结构，装甲轻便，部分封闭，蠢立在具有豹Ⅱ型底架特点的5个装有弹簧压片的主动轮上，它装备有一门火力强大的75毫米口径的反坦克炮。黄鼠狼的开放式射击舱只为其乘员提供了最小限度的保护。它的机动性和攻击火力弥补了德军兵器的不足。

四号F2SD.KFZ.161坦克

　　炮塔上突起的弧形观测窗，一门75毫米加农炮伸向车身前端，驾驶员的观察镜，以及MG34型机关枪，如此重新装配的四号坦克于1942年3月投入使用。装设了一块单层防护装甲板、球形炮口制动器，这种新型的火炮使得这辆坦克前部变得非常沉重，并且难以驾驭，但是其乘员却很高兴能拥有它所提供的攻击火力和射程。

临时参战的
坦克杀手

苏联的 T-34 型坦克在德军境遇最糟糕的时刻出现在东部前线上。比起德国国防军最大的作战坦克四号坦克，T-34型坦克更加快速，而且火力更佳，德国的下一代装甲战车还没有设计出来。1941年底前，希特勒向他的军械部门下令尽快加强现有装甲战车的力量。

军械专家们为四号坦克安装了长炮管的75毫米加农炮，可与苏联坦克的优异的76.2毫米火炮一争高下。新武器增大的炮管口径和更远的射程使得在下图所示的四号坦克可以凭自身实力与T-34型坦克相抗衡，直至新式的德国坦克可以投入战场为止。

另一个作为战时暂时之用的有效产品是黄鼠狼式坦克歼击车，它是第一款具备实战力的自行反坦克炮。为了支援装备简单、机动性相对较差、反坦克武器威力不足的步兵团，德军募集了大口径的75毫米反坦克炮（或者用缴获的苏联人的76.2毫米火炮）安装在已过时的轻型坦克的炮塔上。其结果就是制成了颇有价值的、权宜性的坦克杀手（左图）。

杂的军事调动。他们将包围并歼灭位于该河向东大河弯处的苏军，然后合并成两个集团。当其中一个集团猛扑向顿河上游地区右岸以确保集团军群北翼安全之时，另一个集团将负责顿河下游的安全并向斯大林格勒挺进。在进抵顿河下游以及清除伏尔加河的苏军之后，他们将随即向南方发动对高加索油田的进攻。

　　蓝色行动作战的第一阶段于 6 月 28 日拂晓开始。北翼由马克西米利安·冯·韦希将军统率，他们在库尔斯克东北的阵地沃罗涅日发起攻击，向东约需推进 100 余英里。韦希有 20 个师可用，他自己的第 2 集团军在左翼，匈牙利第 2 集团军在右翼，而最近刚从中央集团军群调来的第 4 坦克集团军在中央。

　　希特勒夏季攻势的首日竟取得了如此惊人的成功，这不禁使人回忆起去年对苏"闪电战"的开始阶段。俯冲轰炸机让苏联人惊慌失措，猛冲向其阵地，而此时其他的轰炸机在战斗机的掩护下攻击苏联人背后通往顿河的所有通道。平整的地形对坦克部队而言非常理想，第 4 坦克集团军处于赫尔曼·霍特将军灵活机动的指挥之下，这位时年 57 岁镇定自若的将军被大家称作"老爸"，以优雅的风格向前挺进。跟随这支装甲纵队的战地通讯员写过这样富有诗意的报告："摩托化部队的方阵中，卡车和火炮在坦克的钢铁长城掩护之下前进。"

　　轻而易举地横扫密草覆盖的东欧平原后，坦克部队在中午以前进抵蒂姆河上的铁路大桥。守卫者们已经

当精疲力竭的部队在路边休息时，第 6 集团军的坦克和步兵师（下图）正向顿河推进。在行军中，仅有一架风车（图上右侧）为周围的景致增加了一点视觉色彩，一名士兵说："这景致没有变化，没有激情，只是简单刻板的调子贯穿着这里每一样东西"。

点燃炸药企图摧毁这座桥梁，然而德军扫清了障碍并继续前进。在10英里外的克恩河，他们占领了另一座桥梁。截止到黄昏时分，当天上开始下雨时，摩托兵和其他先头部队突袭了距其出发地30英里的耶弗罗西诺夫卡村。他们却差一点儿端掉苏军第40集团军的司令部，该司令部在几分钟前刚刚撤离。

在此后的两天里，尽管下雨和苏军逐渐强硬的抵抗放慢了北面先头部队的行进速度，另一路强大的德军突进却威胁到南面 90 英里处顿河岸前方苏军的防守。这路进攻是保卢斯的第 6 集团军，令人生畏地集中了14 个师，包括 2 个坦克师。在 6 月 30 日晨自位于哈尔科夫东北沃尔坎斯克桥头堡行动后，第 6 集团军组成了向沃罗涅日攻势的右翼铁钳。它的指令是跨过奥斯科尔河向东疾进，随后调遣其机动部队向东北与韦希的左翼铁钳形成合围，向下直趋沃罗涅日。

、在保卢斯集团军最前沿的是施图姆那老牌的第 40 坦克军，仍然执行在雷切尔丢失的指令中分派的作战任务。仅仅在 3 天前，接替施图姆和雷切尔部队即第 23 坦克师指挥官的人选才到达。即便没有雷切尔事件，第 23 师的官兵们可能也会认为自己运气不佳。他们是这个军里面新来的小伙子，最近刚刚从法国义务征召到达此处，其车辆上的埃菲尔铁塔图标说明了这一点。当他们得知苏军已经知道他们的出现时，他们感到非常震惊，例证之一就是苏联飞机撒下的传单。"我们欢迎你们到苏联来，"传单上这样写着，"快乐的巴黎人生活现在结束了。"

但是第 23 坦克师的官兵们在东部前线的表现就像老兵一样。面对上个月在哈尔科夫战役中损失了大量坦克的苏军，他们同其第 40 坦克军的战友们在第一天就向前猛攻了 20 英里。在第二天，即 7 月 1 日，前锋部队穿过奥斯科尔转向北方，目标是河畔小城旧奥斯科尔，它大致位于通往第一阶段目标沃罗涅日的半程路途上。在奥斯科尔，第6集团军预计将同来自北面的第4坦克集团军最接近的部队会合，并组成一个小包围圈，对仍在河西岸的苏联军队形成合围。

在两支铁钳逼近旧奥斯科尔之时，发生了一件奇怪的事情。苏联守卫者们竟以撤退代之以通常的坚守阵地战斗到死亡或者投降。在克里姆林宫的许可下，他们向东急速退却，以躲避德军部队的包围。施图姆的继任者，第40坦克军指挥官莱奥·盖尔·冯·施维本博格中将是熟悉苏联前线的一名老手，他很快看出苏军战术的这一令人惊异的变化。他请求许可向东调动其军队并向顿河方向急速前进，希望可以阻击苏军的撤退。但他的请求没有得到批准，原定计划不容许有半点改变。7月2日，铁钳夹合上了，但是两个苏军集团军大部分人马却已经跨过奥斯科尔河全部向东退却到顿河方向。

苏军战术明显的变化对德军企图占领沃罗涅日的战术提出了质疑。这座城市位于顿河东面5英里处，并横跨较小的沃罗涅日河，是一至关重要的武器制造中心和交通要冲。它控制着河两岸的要道，同时也控制着水路、陆路以及介于莫斯科、黑海和里海之间的铁路。夺取它被认为是确保蓝色行动北翼安全的基本要素，霍特的第4坦克集团军正遵照博克的手令"义无反顾"地向此地前进着。现在，不管怎样，苏联人已撤退，这使得德军指挥官想到他们对沃罗涅日的占领可能是一个错误。在博克的坦克可以直扑顿河并分割苏军之前，会让他们从南方远处的大河弯逃跑吗？

希特勒在仔细考虑了这个问题以后，出人意料地于 7 月 3 日清晨造访了博克在波尔塔瓦的司令部。元首倾向于交替使用傲慢与谨慎的态度来对待他的高级指挥官们，尽管凌晨 4 点，从他在东普鲁士的指挥部出发经过长时间的飞行，他还是在那天采取了后一种态度。希特勒给博克一个惊喜，给予他自主地解决沃罗涅日的问题。他既可以按计划夺取沃罗涅日，只要不过于延误其装甲部队向顿河下游挺进，也可以直接绕过该城并"马上向南方进军"。希特勒的情绪不错，确信无疑的是因为由克里米亚人顽强坚守的塞瓦斯托波尔于当天陷落了。"他明显地为攻势的顺利进展而感到高兴。"博克写道。元首甚至就最近英国人在北部更换非洲指挥官一事开起玩笑来了，他说英国佬如果战事一不顺就要撤换将军，那他们将"为每一位将军送行"。

博克在日记中记录了这件事情，但是并没有抓住它的讽刺意义。毕竟，在去年 12 月份被元首解除了中央集团军群的指挥权，以及在丢失指令事件期间遭到元首对博克下属忠诚的质疑之后，他看上去又赢得了元首的恩典。而在允许他对沃罗涅日问题自行斟酌之后，希特勒似乎将要放宽他在作战控制权上牢牢的把持。

希特勒离去后，博克一时间对于沃罗涅日举棋不

在 7 月份，通过沃罗涅日附近的一座浮桥，德国第 4 坦克集团军的一支摩托化炮兵纵队隆隆地向东跨过顿河，他们正从苏联人遗弃的卡车和装备旁路过。

斯大林格勒

在沃罗涅日废墟中与顽强的苏军进行小规模战斗，德军的步兵正在操纵一挺重型机枪。在持续几周的巷战之后，德军仅仅能控制住该城的一部分。

定。但是他的坦克部队的勇敢行动很快替他做了决定。7月4日，第4坦克集团第24坦克师的先遣部队进抵顿河岸边，发现了一座仍然完好无损的桥梁，而且他们还勇敢地混杂在正在撤退的苏军的部队中，向着沃罗涅日隆隆地开进。当博克得知他的坦克距离沃罗涅日仅有几英里之遥时，他下达命令开始战斗。

那天晚些时候，第48坦克军负责开路的侧翼师团向顿河方向运动到沃罗涅日前沿。在北翼的塞米卢基村，大德意志师的摩托化步兵击退了T-34型坦克的反攻，并进抵一座尚未被破坏的桥梁。但是成堆的炸药包已经被摆放在桥梁上，同时导火索被点燃后正哧哧响地燃烧着。该师近卫步兵团第7连的一名中士涉水到桥下，在火焰已烧到离炸药仅仅几英寸时掐断了导火线。之后，德军迅速渡河到东岸，并针对仍在试图跨过桥面的苏军掉队士兵组成了"接收军管会"。该团的自行攻击火炮随后进行了火力侦察，并且赶在敌军开展猛烈反攻之前，向着沃罗涅日以北铁路的通道上急速前进。

在顿河东岸的集结继续面对逐渐集中的抵抗。截止到7月5日黄昏时分，博克手下有4个师的部队，其中1个坦克师，3个摩托化师，已经进抵沃罗涅日郊区，而保卢斯第6集团军的第23坦克师正在转向左方保卫他们的南翼。但是苏联人在该城周围集结了大批的步兵和装甲部队，因为此时斯大林仍然认为德军进攻的目标是莫斯科，谨慎起见，他要为撤退的部队争取更多时间，

以便他们安全越过顿河向深远的南方转移。

7月6日，残酷的战斗在该城内到处展开。在北方300英里以外的克里姆林宫，斯大林用电话指挥着战斗。7月7日，德军电台过早报告了已夺取沃罗涅日，但是实际上，霍特的部队仅仅控制了沃罗涅日河西岸该城的一部分而已。在未来的近一周时间里，他的摩托化步兵和常备的步兵将与苏军继续鏖战，但仍难以解决城东的守军，拿下至关重要的南北向铁路和公路要道。

与此同时，希特勒看到沃罗涅日的延误日渐失去耐心。他以及哈尔德都认为是他们允许博克在北方集中了过多的坦克，这一错误延误了此次作战的下一个阶段：合并装甲部队向顿河下游挺进，以便在南方切断撤退的苏联军队。现在，在希特勒、哈尔德与博克之间的电话线忙碌起来。此时让第4坦克集团军从沃罗涅日迅速脱离作战已然太晚了，但是希特勒命令保卢斯第6集团军的第40坦克军立即转移。这样一来，至少，这些坦克将按照原计划转向南方，向顿河下游发动进攻。

这个军开始以其南方最右侧的部队为轴点转向，即于7月6日夜间进抵沃罗涅日以南约50英里处的第3坦克师。该师的作战目标是其南方50英里处的罗索日城，那里有桥梁横跨卡利特瓦河。尽管燃料和弹药很短缺，在那天夜里，第3步兵团第1营仍然动用炮兵掩护和用装甲车运载两个连的步兵向卡利特瓦进发。"我们知道，如果卡利特瓦河上的桥梁要被完好无损地夺取的话，"该营指挥官写道，"我们必须在拂晓时分抵达罗索日，并且要避免与敌军交战，因为我们弹药和燃料短缺。于是，我们严格遵守时间表，向前挺进，经过前进的苏联炮兵和步兵部队时，很幸运，他们根本就没有发现我们是什么部队。"

7月7日拂晓时分，这支小型的德军部队按计划到了罗索日。有几辆战车正好经过一个毫无戒心的苏军哨兵，并通过为坦克架设的桥梁。但是当该营的指挥车辆稍后到达之时，这个哨兵竟突然反应过来，他拿起步枪做好射击准备。一名无线电报员从车上跳下来，用冲锋枪击中了苏联士兵的腹部。随即，枪炮声大作。苏联步兵和坦克向德国人发起了攻击。多亏德军的炮兵部队，他们在河边广阔地带用其榴弹炮集中了猛烈的火力，在第3坦克师正午前赶到增援他们之前，这支小分队坚持了近5个小时。罗索日原来是一个重要的苏军司令部所在地。据称，此处的前线指挥官铁木辛哥元帅当晚就在这里，直到德军开火后方才离开。

在希特勒强烈的催促之下，博克设法从沃罗涅日调出了两个机械化师，即第24坦克师和大德意志师。但是，因燃料不足，他们在距离罗索日尚有50英里的地方就被迫停了下来。罗索日以西，保卢斯的坦克师之一第23师也因相似的原因停止不前。沃罗涅日周围的顽强的守卫者继续牵制着第4坦克集团军的余部。

在蓝色行动时间表中断时，德军最终向东发动了

第 3 个平行攻势。7 月 9 日晨，在保卢斯的第 6 集团军西南 100 余英里处，先头部队开始渡过伊苏姆以南的顿涅茨河。这支部队是新组建的 A 集团军群，它的核心力量是第 17 集团军和第 1 坦克集团军，由威廉·利斯特陆军元帅指挥。正如希特勒此前为延续此次攻势而计划的那样，利斯特新获的指挥权标志着博克的集团军群的师被分成两个独立的集团。博克现在仅指挥 B 集团军群。对这位陆军老帅而言，这一变化不仅仅削弱了他的权力，而且也是一个战略的错误。"这意味着此次作战将被一分为二。"他在日记如此抱怨道。

利斯特的坦克首先向东北方挺进，随后转向东方与来自北面的博克的装甲部队会合，他们遇到的多是来自苏军后卫部队的抵抗，仅在沃罗涅日发生过激烈的战

负责指挥沃罗涅日攻势的陆军元帅费多尔·冯·博克（左数第二个）正视察他的部队。当希特勒在战役后解除他的指挥权时，博克写道："没有其他的选择，而我面对的现实就是我被当成了一只可笑的替罪羊。"

斗。在位于该城以南的顿河大河弯处，苏联军队全部向
东蜂拥而退。面对毫无抵抗的苏军，纳粹党报《民族观
察家》的一位记者费解地写道："曾经顽强抵抗、寸土
必争的苏联人，在这一次，却未放一枪就溃退了。未找
到敌军任何踪迹就陷入如此广阔的地区，这真让人忧虑
不安。"希特勒眼睁睁地看着苏联人躲避了他设置的包
围罗网，他归罪于博克。他说，在沃罗涅日的延误，耽
搁了坦克部队向顿河南下阻击苏军撤退的时间。德军正
在他们首要的目标上遭受失败，即未能歼灭顿河以西的
苏联军队，他们在"蓝色行动"最初 10 天里仅仅俘获
了不足 7 万人的俘虏。由于希望包围更多的苏军，元首
背离原定作战方案，开始作临时部署。在 7 月 10 日到
12 日之间，为了完成在伊苏姆以东约 150 英里的米雷
罗沃复杂的包围圈，他签署了一系列的命令，此次作战
牵涉两个新建集团军群中大多数可用的装甲和摩托化部
队。在一份发给哈尔德的电报中，博克反对这个在战术
上不够健全的计划，它的中央很强大，但是侧翼却太薄
弱。由于多数苏军已经逃往南面和东面，博克推断希特
勒的临时调动将会导致装甲部队大量拥挤在米雷罗沃地
区。博克是正确的，这次作战仅仅俘获了 5 万名战俘。

但是在希特勒的眼里，博克过多地提出反对，而
且耽搁了太长的时间。7 月 13 日，元首再一次改变了
计划。由于确信有大批的苏联军队沿着顿河下游支流集
中在一起，他放弃了集中所有力量向东方的斯大林格勒

进攻的计划，而准备由利斯特 A 集团军群在米雷罗沃以南 125 英里的罗斯托夫地区组成一个大包围圈。为发动这个包围，他从博克的 B 集团军群里调出第 4 坦克集团军，划给利斯特指挥，只留下第 6 集团军作为仅有的德军部队放在北翼。随后，由于"对博克产生了明显的反感"，一位助手随后如是说，希特勒解除了博克的指挥权。

博克接受命令将 B 集团军群移交给他的北翼部队的指挥官马克西米利安·冯·韦希，再一次地据称是因"健康原因"而做出变动。这是为了维护这位陆军元帅的声誉，无论如何，元首指令的这次指挥权的变动处于严格的保密之中。在几个月的时间里，关于博克的故事和照片仍出现在政府控制的新闻报刊上，似乎他仍然是在苏联的南线指挥官。但是，这位戎马一生的老兵，在为陆军服务了 45 年之后，将再也不会得到指挥权了。

目标：克里米亚

1942年春天，希特勒决定完成对克里米亚的征服这个120英里长的半岛为苏联提供了其在黑海地区的重要海军和空军基地。尽管克里米亚的大部地区在巴巴罗萨计划早期阶段就已经落入了德国军队的手中，元首仍坚持最后的苏军堡垒应在德国国防军向东方的斯大林格勒和高加索发动攻势以前被肃清。这个

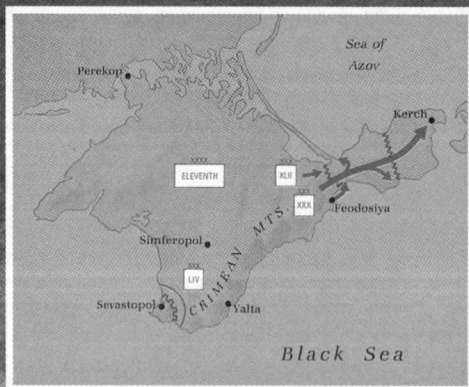

一架菲斯勒鹳式侦察机正掠过沿克里米亚南部海岸行进的德军摩托化部队的上空。克里米亚半岛（如插图）几乎完全处于黑海与亚速海的包围之下，是一个只在南面有绵延山脉和曲折海岸线的广阔的大平原地区，这对于防守部队是十分理想的。截止到1942年春天，苏联人加固了塞瓦斯托波尔港周围的城防，以及加强了将刻赤半岛与克里米亚其他地区相连接的地峡的防守力量。

任务落到了由埃里希·冯·曼施坦因将军这位国防军中的后起之秀指挥的第11集团军20万将士的身上。

自古以来，从远古的斯基泰人到13世纪的鞑靼可汗，战士们都发现克里米亚是一块极挑逗人却要付出高昂代价的地方。在克里米亚战争时期，苏联军队曾在这个半岛上防御英国和法国军队，包括抵抗著名的"光荣之旅"前锋营的战斗以及血流成河的塞瓦斯托波尔堡垒围攻战。

截止到1942年，塞瓦斯托波尔被普遍认为是世界上防守最为坚固的城池。在解决该城超过10万名的守卫部队之前，曼施坦因决定先对付克里米亚地区其他的苏联部队：有3个集团军在克里米亚东端的刻赤半岛上展开。

刻赤半岛上的"猎鸨战"

5月8日，曼施坦因发动了针对刻赤半岛的攻势，此次进攻被称作"猎鸨行动"。以"鸨"这种鸟命名，是因为这种大型猎禽一遇到危险便会飞速逃窜。苏联军队防守的11英里宽度的地峡里集结了大量士兵，他们前沿横列着一道放满了水的反坦克壕沟，深达16英尺，宽33英尺。

曼施坦因在北翼发动了对苏联守卫者的佯攻。随后他运用3个步兵师，在突袭登陆并打击了守军侧翼和后方的两栖部队掩护下，向战线南端发起真正的攻击。德国军队将苏联人清除出去，并为前进建立起一个桥头堡。

在第22坦克师的先遣行动之下，德军压过苏军的战线，随后在苏军逃往海岸线的时候即转而向东。攻击开始的10天后，刻赤半岛便落入了德军的手中。胜利的成果包括大约17万名战俘和1133门火炮。

第30军的德国士兵（上插图）在继续进攻之前，在一个已夺取的苏军战壕旁停了下来。

当其余攻击力量向刻赤半岛猛烈进攻时，第22坦克师的坦克（下插图）扰乱了撤退的苏联军队，并且肃清了部分地区的抵抗行动。

在第30军的炮火阻止了苏军敦刻尔克式的撤退之后，半岛东部尖端处（主图）到处都是被摧毁的和被遗弃的苏军装备。

在塞瓦斯托波尔的进攻发展成为两个阶段（如插图）。6月7日，第54军切断了城市北部的防御带，同时在两周的残酷战斗之后，进抵谢韦尔纳亚湾。6月10日，第30军攻击了萨潘高地，在12天里击败苏军。6月下旬，攻击者进入城区，那里的多数抵抗行动到7月3日停止。

滚滚浓烟从塞瓦斯托波尔海滨升起（主图），它正遭受德军大批飞机和炮兵火力的狂轰滥炸。

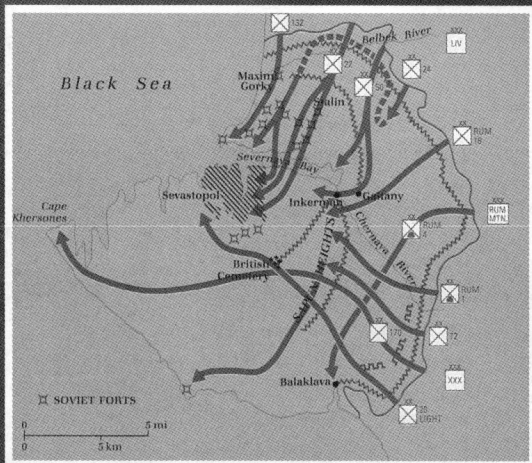

包围固若金汤的城池

一旦刻赤半岛被攻占，曼施坦因即着手被他称为"所有任务中最艰巨的一个：征服塞瓦斯托波尔"。作为克里米亚半岛上最大的城市以及苏联黑海舰队的主要海军基地，塞瓦斯托波尔确实是一座可怕的堡垒。这个曾经在克里米亚战争期间于1854年到1855年抵挡过经年的浴血围攻的防御工事，已经被一代代苏联军事工程专家不断地完善了。超过10万名苏联军队和不计其数的市民志愿人员夜以继日地劳动了30个星期，进一步加强了该城的防守力量，以此准备迎接德军的进攻。

曼施坦因的第11集团军将面对一个错综复杂的多层次防御体系（见插图）。最外圈的防线是极深的如迷宫般的壕沟，以及由雷区保护的木制据点。在这些设施之外，就是大量的由迷宫般地道连接的钢筋混凝土堡垒，以及遍布着迫击炮位和机枪群的光秃秃的小山丘。

6月2日，曼施坦因命令他的炮兵火力开始一个为期5天的、昼夜不息的炮击，以作为进攻的火力准备。掌握有在该城上空绝对制空权的空军第8军的作战飞机也将它们的炸弹投进这座城市之中。

　　德军炮兵正将一枚炮弹装入重型迫击炮的炮膛里（右下插图），共有576门该种火炮被运到这里攻击塞瓦斯托波尔的苏军防御力量。

　　炮手们正跑向一门射击后仍在冒烟的重型迫击炮（右上插图）。这种迫击炮弹爆炸时震耳欲聋的声音在部分苏联军队中造成了恐慌。

　　拥有107英尺长的炮管，可以发射5～7吨重的炮弹，这种绰号为"多拉"的巨型铁路火炮（主图）是战争历史上最大的炮兵武器。超过4000人为其服务，包括运输、警卫、维护，以及开火射击。

摧城拔寨的
巨型火炮

曼施坦因依靠他的炮兵消灭塞瓦斯托波尔那颇受夸耀的防御体系，并且为步兵进攻清除道路。有208个炮兵连在22英里长的前线上展开，"第11集团军调集了所能调集的每一门火炮。"这位将军这样写道，"在第二次世界大战中，德军方面没有其他的时候能够集中比这次更为密集的炮火了。"

这些巨炮中最大的一种就是"多拉"，一种以其设计师克虏伯的妻子命名的火炮。需要60节车厢的火车车皮将该炮的部件沿着一条专门修建的铁路支线运送至距塞瓦斯托波尔19英里部署地的一个炮位，该炮位对29英里的射程而言仍然是理想的。如果组装起来巨大的"多拉"炮重达1488吨，

直立有164英尺高；它的承载需设置在一套双路的铁轨上，就像一座两层楼房一样巨大。

在爆炸并摧毁一座苏军的地下武器仓库时，"多拉"的一枚炮弹击穿了90英尺厚度的硬石层。但是这种武器在对其他目标的攻击中却收效甚微，因为在爆炸前炮弹将自身埋在地下过深了。曼施坦因后来对这种超级武器的价值进行了讽刺："毫无疑问地，这种加农炮的实际效果与所有为了制造它的努力和花费完全不匹配。"他这样总结道。

"以狂热的
精神"进攻

  6月7日拂晓，德军4个师突袭了苏军在塞瓦斯托波尔以北的防线，而事实很快清楚地表明，狂轰滥炸既没有摧毁苏联人的工事，也未能摧毁防守者们的意志。德军不断上升的伤亡用曼施坦因的话来说就是"每一英尺的地面，每一个碉堡和战壕都是一场残酷的争夺"。

  在接下来的一周中，勇猛的德军连续大强度作战，不断向前推进。"近乎狂热的精神力量支撑着我们，"一名德国士兵如是说，"不惜任何代价也要拿下目标。"在进攻的第7天，第16步兵团夺取了位于塞瓦斯托波尔内防御圈的关键堡垒斯大林要塞。该团的所有军官都在战斗中阵亡或是负伤，然而从被摧毁的建筑中仅有4名要塞的守卫者活着出来。

一支德军攻击特遣分队（见左插图）在塞瓦斯托波尔以北的贝尔别克山谷中等待着进攻苏军阵地的命令。

突袭的德军（主图）用火焰喷射器攻打一个苏军的碉堡。甚至在炮兵摧毁了战壕和支撑障碍物之后，德军步兵仍不得不用手榴弹、烟雾弹和炸药包来攻击幸存的抵抗者。

在一条壕沟里，苏军战士尸横遍野（见右插图）。战争中，在军官和政委的鼓舞下，苏军顽强抵抗入侵者，许多人奋战至生命的最后一刻。

在正燃烧着的装甲炮塔下面，德军士兵（见插图）正向着马克西姆·高尔基要塞的一个工事射击，炮塔上装置的两门12英寸海军大炮如今已经瘫痪。

在战役结束时（主图），要塞混凝土堡垒被毁的舷墙见证了进攻的猛烈性。当抵抗停止时，德军发现要塞中仅有50名苏军幸存者，且全都受伤严重。

钢铁和混凝土的争夺战

为了夺取塞瓦斯托波尔，德军不得不摧毁作为该市防御体系主干的各个要塞。这些防御设施顶部均配置重型火炮，延伸到底下数层，同时装配有发电厂、输水管道、战地医院和兵器库。

最北端的要塞是马克西姆·高尔基一号要塞，它控制着通往该城的天然通道贝尔别克山谷，因此就成为首要的目标。6月17日清晨，德军的重型迫击炮炸毁了要塞的一门大型火炮，工兵则摧毁了其他火炮。工兵随即在厚厚的混凝土堡垒上打开一条通道，并开始用手榴弹、炸药和燃烧油清除内部障碍。上千人的苏联守军英勇战斗，直至弹尽粮绝。那个下午，残存的战斗者们宁可自毁，也不愿投降。

"别相信苏联
佬已经完蛋了"

6月10日，即德军主力在北方通道上挺进3天后，马克西米利安·弗雷特·皮科将军的第30军开始进攻塞瓦斯托波尔防御体系的东部前沿。这个方向崎岖的地形阻碍了德军，不过，截止到6月17日，苏军的外围阵地落入他们的手中。

现在进攻者面临着萨潘高地，这是一座密布着地道和隐藏机枪射击孔的天然堡垒。高地控制着整个东部前沿，而苏军正以近乎超人类的勇气保卫着这片阵地。"即使看到他的大腿被炸飞了，或者他的头皮被撕得只剩下一半，或是有人用刺刀把他的肠子挑出来，也别相信苏联佬就已经完蛋了。"一名德军文职军官警告道，"如果他还剩下一只胳膊和一支能够得着的步枪，一旦你经过他身边，他也会翻身而起向你射击的。"

6月28日，德军夺取了萨潘高地北面的要害阵地英克曼要塞，那里有成千上万的苏联人躲在悬崖绝壁的洞穴里，这些洞穴曾用来存放香槟酒瓶。萨潘高地的许多部分，却仍然在苏联人的手中掌握。

德军第170师的部队在进攻萨潘高地（主图）。德军的进攻因为数目众多的地雷，以及从伪装巧妙的战壕和机枪巢里射出的强大火力而延缓下来。

两名德军步兵（左插图）正向一个苏军的地洞里射击。德军经常不得不以水平近射的方法清除高地上每一个隐藏苏军的阵地。

成群结队的苏联战俘（右插图）沿着一个田垄向下走着，向德军战线后方的战俘营地行进。

攻击艇令人惊异
的突袭

截止到攻势开始后的第3周，德军的伤亡正不断增加，此时苏联人的坚韧抵抗仍然一如既往。萨潘高地和塞瓦斯托波尔的大部分地区仍有待征服，曼施坦因决定是时候发动一次大胆的攻击以打破僵局。在北面，德军已夺取了多个坚固的要塞，并进抵谢韦尔纳亚湾北岸。6月29日凌晨1点钟，2个步兵师将从那里发动一次两栖突击进攻，跨过谢韦尔纳亚湾并攻入塞瓦斯托波尔城区。

将军的下属们持怀疑态度。这个海湾宽度只有半英里，海湾南岸主要是一处悬崖绝壁，上面有成打的炮兵连和机关枪，他们发射的火力足以射入水面以下。但是曼施坦因仍然坚持。"从道理上讲，看上去确实不可能，"他事后写道，"跨过谢韦尔纳亚湾发动进攻将打敌人个措手不及。"

这一计划进行得非常完美。在夜幕掩护下，攻击艇运载着第22和第24师的部队，未遭任何抵抗地抵达南岸。等到苏军发现时，已为时太晚，德军已经攻进了塞瓦斯托波尔。

德军步兵们在通往塞瓦斯托波尔的路上作战时，该城已然在望，而他们隐藏在谢韦尔纳亚湾北岸的一个浅壕里，关注着这座正遭受狂轰滥炸的城市。

习惯性地在行动即将结束时，曼施坦因将军在其下属的护翼之下，从一个可俯瞰设防的前沿观察哨里视察对塞瓦斯托波尔的最后进攻。

英勇抵抗直至
惨烈牺牲

当德军在塞瓦斯托波尔收紧绞索之时，苏军的残余部队服从斯大林"战斗到牺牲"的命令，仍为坚守他们的阵地而战斗。甚至连英国人在克里米亚战争时期的墓地都成了苏军的要塞。"新阵亡的士兵，"曼施坦因写道，

"就躺在被炮弹炸开的墓穴上。"最后，在突围无望时，成千上万的苏联士兵、妇女们和孩子们，手挽着手向前冲锋，以自杀性的人海战术发动进攻。

截止到7月4日，该城以西赫尔松半岛上最后一块抵抗阵地被攻破，整个克里米亚都已落入德军之手。希特勒已经提前3天提升曼施坦因为陆军元帅。胜利者们宣称俘获10万名战俘，"如此丰厚的战利品，"曼施坦因说，"一时间还无法计算清楚。"

就在曼施坦因取得决定性胜利之后，一辆德军半履带战车压过塞瓦斯托波尔废墟遍地的街道。希特勒赞扬了曼施坦因指挥的部队取得的成就，并下令颁发一枚特别的勋章（见插图），给参加克里米亚战役的老兵们。

2. 老鼠战争

希特勒于 1942 年 7 月 16 日飞往东线，即被罢免的指挥官费多尔·冯·博克元帅登上向西返回的飞机的第二天。在乌克兰的文尼察附近的一个松树林里，那天早上，元首和他的军事参谋人员在以前苏军的阵地上建立起一个新的前线指挥部。他决定从东普鲁士的"狼穴"迁移到这个深入苏联境内的木屋群，这一决定坚定了他对于国防军最终将移师前进取得胜利的信心。

尽管希特勒感到不安，但仍然表现出强烈的信心。在这座被他命令为"狼人"的营地里，闷热潮湿，并且新烧焦的厚木板散发出阵阵恶臭，让他头痛欲裂。但是，在坦克部队现在肃清顿河大河湾下游支流之前，苏联人就迅速地撤退，这使他相信他在此处停留的时间将会很短暂。"苏联人完蛋了。"他向最高统帅部参谋长弗朗茨·哈尔德夸耀道。"我必须承认，事情的确是这样。"哈尔德应声附和说，不过他在日记中却抱怨元首那"老是低估敌人能力的倾向"。

希特勒乐观地认为红军已是强弩之末，这导致他所发布的一系列命令和指令在执行时会给苏联南部的德军造成巨大的压力。实际上，在重新调整南方攻势的前

德军在 1942 年 7 月向黑海沿岸的炼油厂和港口进军时，山地部队和他们的骡子正行进在克卢霍里小道上，此处是终年冰雪覆盖的高加索山脉西部一个海拔 9239 英尺的断谷。由于这座崎岖多岩石的山脉仅有 3 条较好的路径，德军经常征集负重的牲口运送补给。

向高加索进军

7月中旬，当红军向南方和东方退却时，以第17集团军和第1坦克集团军为主的A集团军群稳占罗斯托夫，并且在B集团军群的第4坦克集团军左翼支援下，向高加索挺进。在更北面，第6集团军则直逼斯大林格勒。7月25日，希特勒命令第4坦克集团军猛扑东北方的斯大林格勒，并将他的两个集团军群分开来，使原本脆弱的补给线更感受到压力。在8月份及9月初，德军取得了进展。在右翼，第17集团军攻占了克拉斯诺达尔和新罗西斯克的苏联海军基地。在中路，德军夺取了迈科普的油田，并逼近图亚普谢，此时在更东方向山地部队进抵高加索通往苏呼米地区黑海岸边的通道。在左侧的第1坦克集团军进攻至特雷克河畔，为进攻格罗兹尼的油田做准备。但是德军已经是强弩之末了。受到缺乏空中支援和燃料、武器短缺的牵制，A集团军群在不断加强的苏军抵抗面前速度缓慢得像在爬行。当利斯特请求许可动用冬季储备之时，希特勒将他解职，并将指挥权收回到他自己手中。

夕，他宣布了从这个前线抽走不少于 9 个师的计划。2
个精锐的摩托化步兵师，即"大德意志"师和党卫队近
卫师，将重新部署在法国，以减轻他对盟国军队进攻不
断增长的恐惧感。第 9 和第 11 两个坦克师，将转入中
央集团军群序列。而其余 5 个师，曼施坦因在克里米亚
获胜的第 11 集团军的主力部队，正准备跨过刻赤海峡
攻入高加索地区，将派往上千英里之外加强北方集团军
群，投入去年夏季就已计划好的，也是元首期望的将是
对列宁格勒的最终的、决定性的攻势。总体而言，无论
如何，希特勒对"蓝色行动"最终阶段作战计划的修改
完全反映了他对战局的信心。在新的计划中，他要求在
南线的部队将不仅完成夏季攻势之前所要达到的目标，
而且还承担一个极具野心的任务。威廉·利斯特的 A
集团军群除了夺取高加索至关重要的油田之外，还将占
领"黑海整个的东部海岸线，从而肃清黑海港口以及消
灭敌军的黑海舰队"。与此同时，马克西米利安·冯·
韦希的 B 集团军群将不再仅是向东前往斯大林格勒去
保护进到高加索的左翼部队。现在他们被寄希望于快速
夺取这座以斯大林命名的城市。

　　希特勒的新指令并不符合一贯的军事行动原则。
他的两个在南部前线的集团军群将不得不呈直角状分为
两路，从而双方之间拉开了一个大的且易受攻击的间隙，
同时也加重了补给线的压力。正如刚刚被解职的博克所
预见的，作战正在被"一分为二"。

这次两面夹击作战取得的首个战功应记在向南进攻的利斯特 A 集团军群的功劳簿上。甚至在希特勒签署他的训令时，该集团军群的坦克和步兵正在罗斯托夫的街道上激战着。罗斯托夫位于亚速海附近顿河口上，是通往高加索的门户，其地理位置如此重要，使苏军更加英勇奋战，只为拖住德军前进的脚步。德军不得不与苏联内务人民委员部（即 NKVD，斯大林时代的秘密警察机构）那支信仰狂热的部队进行从一座房屋到另一座房屋的惨烈争夺战。

在苏联这还是第一次，国防军不得不忍受巷战的

在 7 月底于罗斯托夫的激烈战斗中，一组德军炮兵正在操控一门 75 毫米口径的火炮。一名德国军官写道："防守者们绝不允许自己活着被俘虏，他们战斗到最后一口气，当他们被不经意地撇在一边或是身负重伤时，他们仍会从掩体后面开火，直至死亡。"

在夺取罗斯托夫之后，筋疲力尽的德军士兵越过横跨顿河的浮桥向南冲锋。

极大危险。NKVD 的部队在大街小巷设下重重街垒路障，他们在路上铺洒石头，往街面埋设地雷，从楼顶和阳台放暗枪，向德军投掷自制的莫洛托夫燃烧瓶（添加了磷或其他一接触空气便可燃烧的化学物质的汽油瓶）。在激烈战斗两天后，德军步兵用反坦克炮扫清了通向横跨顿河的主要桥梁的道路。他们的任务用一名营级指挥官的话来说就像"剃胡须"，清除阳台、烟囱以及其他任何可能躲藏着士兵的建筑物。截止到 7 月 25 日，即希特勒的新指令签署两天后，红军已跨过顿河撤退，德军士兵为入侵高加索开始建立桥头堡。

在 7 月下旬，A 集团军群分成两个主力纵队，在约 100 英里宽的战线上越过顿河向南进军。穿过罗斯托夫的右翼部队，由理查德·鲁奥夫的第 17 集团军和罗马尼亚第 3 集团军组成。从深远东面突进的左翼部队，以埃瓦尔德·冯·克莱斯特的第 1 坦克集团军为主。克莱斯特拥有 400 辆坦克，在其左翼，他得到了来自赫尔曼·霍特的第 4 坦克集团军的两个坦克师的援助。第 4

8 月初德军进军高加索地区，浓浓黑烟从迈科普城附近燃烧的石油储藏罐升起。在烧毁储油和毁坏设施之后，撤退的苏联人将废置的炼油厂留给了德国进攻者。这个地区的原油产量占苏联原油产量的一半以上。

坦克集团军的其他部队则于 7 月 31 日被希特勒调遣去参与对斯大林格勒的进攻。

当他们攻入高加索时，德军面对的是一片极其广袤的土地。最远的油田位于里海附近的巴库，距罗斯托夫东南的直线距离大约 700 英里，这段距离比德军从苏联边境前进到罗斯托夫还要远，至少要花 13 个月才能抵达。而且，中间赫然横亘着高加索群山，一条长达 700 英里、高达 1.8 万英尺峰峦叠嶂的山脉。在抵达这道可怕的障碍前，德军纵队还得横越 300 英里平原，这平原逐渐向南方和东方伸展出去，从肥沃和灌溉良好的产粮区进入荒芜的沙漠，那里根本就没有铁路或叫得出名字来的公路。

然而，利斯特陆军元帅还是找到了不少乐观的理由。他面前的苏军主要是在顿河北岸已经被粉碎的 6 个苏联集团军的残余部队。尽管斯大林于 7 月 28 日下达特别命令，声称"不许后退一步"，苏联人仍然在撤退，第 1 坦克集团军报告说他们"简直是在落荒而逃"。利斯特最大的担心还是燃料，它们需要通过飞机空运给他的快速纵队。这个局面看上去在 8 月 4 日有所改观，在看到前方 700 英里远的最终目标后，他预计，"机动部队向东南方进行快速突击，在向巴库前进的任何地方，将不会遭遇强有力的敌军抵抗行动。"

沿着整个高加索前线的战局发展在证实着利斯特的乐观看法。在左翼，顿河以南约 50 英里处，他的坦

克集群成功跨越马尼奇河这一主要屏障。马尼奇河上有一座座水坝拦截的宽达1英里的水库。撤退中的红军打开水坝的泄洪闸并在河南岸挖掩体防守，这样一来，德军渡河过去就更难了。但是第3坦克师的官兵扫清了所有障碍。当德军炮兵压制苏军炮火时，士兵们在漏水的攻击艇中一面使劲划桨渡过水位高涨的河流，一面拼命用空饭盒向外舀出漏进来的水。以这个桥头堡为起点，他们随后从后方攻占了苏军控制的一个水坝，并且坦克还从其顶部开了过去。

该师冒着酷热向南推进，进入卡尔米克干草原荒芜地区。坦克和卡车卷起滚滚尘土，以至于在空中都难辨敌我。德军在不许向苏军飞机开火的命令下向前方急速前进不久便暴露了身份。奥托·坦宁格是该师的一名通信兵，他事后回忆道，在重重烟尘中，地面人员辨认即使处于附近的目标也颇为困难。他参与了一座小村庄附近的侦察任务，这时长官"突然间发现有可疑的目标，并且发出无线电信号：'敌人的坦克排成队向着村庄这边开过来。'我们大吃一惊，而随即我们发现这些所谓的'坦克'实际上是一些骆驼"。

坦克以极快的速度前进，希望在苏军离开这片广阔的草原并在山区建立阵地之前抓住他们。德军占领了大片的区域，利斯特不得不让两个步兵师调转方向，将他们部署在东面以保护他的装甲部队正在拉长的左翼。虽然一直未能咬住苏军，第3和第23坦克师还是席卷了这块草原地区。8 月 10 日，他们攻占了顿河以南 250 英里处的皮亚季戈尔斯克，并开到高加索山脚下。

与此同时，在西面，进攻的中路，第 1 坦克集团的右翼拿下了顿河下游 180 英里处的迈科普油田。克莱斯特的纵队在 8 月 5 日浩浩荡荡跨过库班河，进抵铁路沿线，夺取了至少 51 辆红军补给列车。苏军的后卫部队放火点燃了炼油厂和储油罐，火焰腾空蹿升了数千英尺，循着燃烧的烈火，德军一路朝迈科普全速进军。8 月 9 日晚，第 13 坦克师进入被浓厚烟雾围裹的迈科普。

即使是徒步行进，第 17 集团军的步兵在 8 月初的日子里也取得较大的进展。战士们以一天 30 英里的速度急行军，沿途是望不到头的一人高的向日葵田地，他们只偶尔停下来到库班以北的肥沃山谷里找些番茄、瓜类或其他作物果腹。"我们前进如此快速，每天都需要新的地图，"一名军官事后写道，"确实需要特别的前锋部队配置给我们的纵队，以便尽可能快地在攻势未发动之前绘制出地图来。"

8 月 9 日，从罗斯托夫出发两周并前进了近 200 英里后，第 17 集团军的先头部队进抵其首个主要目标：库班河北岸的克拉斯诺达尔。4 个步兵师运动到位，并且在华氏 100 度的高温里伴着滚滚的沙尘暴向该城进攻。苏联后卫部队在延缓德军进攻的行动，以使自己的人员可以带着装备从一座桥梁上脱逃。8 月 11 日正午，德军进攻到该桥 20 码处，而桥仍被苏军的装备阻塞着。

此时此刻，一名苏联军官在桥上摆放成堆炸药，桥身被从中段炸塌，许多苏军士兵、马匹和车辆掉落水中，但德军进行大包围的计划也因此落空了。第125步兵师最终在两天后通过舟船和浮桥渡过该河，并同向西挺进的克莱斯特的一支坦克纵队合围，但是撤退的苏军再一次脱离了这个包围圈。

8月中旬，利斯特为战役第二阶段重新部署了他的部队。为了迎合希特勒的总体目标，他调派左翼的第1坦克集团军的一个坦克军扩充了右翼第17集团军的力量，然后兵分几路。

8月17日，第17集团军分成3个纵队，每一纵队沿黑海都有自己的目标。第5军的步兵直扑黑海东岸的苏联北方海军基地新罗西斯克。第57坦克军将向西南面，沿着山路从迈科普向图亚普谢港口进行突击。第49山地军将穿过阿尔马维尔以南的高加索山上的小路，向距土耳其边境以北100英里处的海滨城市苏呼米冲击。同时，德军的左翼第1坦克集团军将向东南进军，攻占格罗兹尼的石油产区，越过高加索山脉进抵巴库。

由于最初的成功，利斯特下一步希望控制住黑海海岸，希望坦克部队在9月底以前进抵里海边。但是战役的进展却在8月最后两周时突然发生了变化。由于对B集团军群向斯大林格勒的攻势颇为忧虑，希特勒将利斯特的空军支援力量大批地转给了这方面的行动。同时，利斯特的补给现在也长期短缺了。国防军在南部前线的

冒着酷热，一名德军士兵正领着一头骆驼穿过罗斯托夫东南像沙漠般荒芜的干草原。缺少卡车燃料的德军只得依赖于马、骡子和骆驼来运输。一名士兵回忆道："骆驼不再是不寻常的东西了。"

生命线由从顿涅茨盆地向东延伸的仅有的一条铁路来维持。补给已经超负荷运转，由卡车向高加索地区A集团军群以及向在斯大林格勒前线的B集团军群4个距离遥远的锋翼部队运送。因为空军运输机和卡车运输非常缺乏，德军被迫只能用骆驼队运输燃料。与此同时，苏联人的抵抗也加强了。

截止到8月底，利斯特先期发动的快速纵队只能以每天1～2英里的速度前进，他正着手讨论如何夺回冬季阵地的问题。在其左翼，第1坦克集团军靠近特雷克河上一个危险的桥头堡，该河距格罗兹尼60英里，

距巴库 350 英里，是一条宽阔而变化莫测的山间河流。
在其右翼，仅有一个罗马尼亚骑兵分队刚抵达黑海岸边，
他们正好位于新罗西斯克西北方向。

　　在分路的纵队中，山地部队取得了新的成就。冲
进阿尔马维尔以南高地后，第 1 和第 4 山地师的士兵攻
占了几处近 2 英里高易守难攻的山口。德军获得了许多
前苏军战俘的协助，包括卡尔梅克人、车臣人和其他当
地士兵，他们作为向导，帮助德军获取其同胞的欢迎，

德国第49山地军的士兵艰难地爬过冰川覆盖的厄尔布鲁士山，这是高加索山脉中高达18510英尺的最高峰，背景中可见的穹顶式的闪烁铝合金光芒的旅行棚屋是一家苏联人的旅馆。8月21日，在大雪和浓雾中，部队将德国军旗插上看来是最高峰的地方（见右图上方）。几天后，当天气晴好时，他们发现实际上旗帜飘扬在最高峰下130英尺的一座突起的高地上。

他们中大多数是穆斯林，十分厌恶共产主义。（斯大林很担忧高加索地区居民的忠诚度，为此他委派臭名昭著的秘密警察头子拉夫连季·贝利亚到当地开展工作，管束他们要守规矩。）。

为彰显战绩，德军登上了冰川覆盖的高加索山脉最高峰——厄尔布鲁士山，并且将帝国军旗插到高达18510英尺的峰顶上。在艰难穿过了100多英里的高地之后，山地部队的武器弹药和其他给养已消耗殆尽了。

尽管离他们海边的目标苏呼米仅有 12 英里左右，他们也只能停止进军。

山地部队的部署使得在文尼察附近新司令部里的希特勒狂怒。随着德军在高加索的攻势逐渐衰弱，希特勒的不满日盛。若在往日，德军旗帜插上厄尔布鲁士山峰的壮举一定能取悦元首，但此次他却大发雷霆，称他们为"愚蠢的登山佬"。他甚至向他的助手抱怨说，当利斯特应召飞到文尼察解释其计划时，他却带来了一张没有标注的地图。显然，希特勒已经忘记了利斯特之所以只敢携带无标准的地图，完全是因为他自己下达过"任何带标注的地图都不能带到飞机上"的命令。自蓝色行动计划在 6 月份的雷切尔事件中丢失给苏联人后，他签发此命令。

希特勒和利斯特在许多战术问题上有不同的观点。但是最为激怒他的是这位陆军元帅想要从通往苏呼米的通道上撤出他的山地部队，并且集中他们同坦克部队一起向西北方发动针对图亚普谢的进攻。9 月 9 日，元首将利斯特解职，并亲自接管了 A 集团军群。

对利斯特的解职仅仅是文尼察的危机的开端而已。阿尔弗雷德·约德尔中将，希特勒得力的、忠心耿耿的干将，担任最高统帅部（OKW）行动总指挥。作为巴伐利亚的友人和老乡，他站在了利斯特一边。约德尔的这一叛逆行为第一次将元首置于其最高军事官员的对立面。几个月的时间里，他都拒绝同约德尔或者同陆军元帅威廉·凯特尔这位卑躬屈膝的最高统帅部参谋长握手。他退回到他的棚屋里，并且在那里独自用餐。为避免与将军们的对话引起争议，他带了一队速记员记录下谈话的每一个词，合编起来每天平均约 500 页打印纸之多。

在这种不信任的气氛下，离希特勒处置弗朗茨·哈尔德也不会很远了。博克与利斯特新近陆续离职，哈尔德这位参谋长，是剩下的少数让希特勒颇感厌烦的老牌军官之一。理智的哈尔德与冲动的希特勒之间的关系在数月的时间里日渐疏远，当两者就中央集团军群中的一个很小的战术撤退而发生冲突时，本已在几周前较为恢复的关系又趋于破裂。

"你看上去总在提同一个建议——撤退！"希特勒厉声叫道，"我向我的指挥官提出查问时也必须像对我的部队一样坚决。"哈尔德的脾气也失控了，并且向希特勒猛烈抨击，"优秀的步兵战士和中级军官成千上万地"损伤，就是因为战地指挥官未被授权在必要时撤退。元首随即奚落哈尔德缺乏作战经验，不像他一样曾在一战期间上过前线，"你在一战期间就像现在这样坐在办公室里，也不想想对指挥部队你能教给我什么！你甚至还没有得到过一枚光荣负伤的勋章！"希特勒一边怒吼着，一边拍着他胸前那块在一战时获得的勋章。

9 月 24 日，他解除了哈尔德的职务，哈尔德随即在日记中写道，"我已经筋疲力尽,他的精力也不如从前了。"哈尔德的继任者是在西欧的一个集团军群担任参谋长当年47岁的库尔特·蔡茨勒将军。与高大的、机智的和学者气质的前任相比,蔡茨勒个头矮小,胖得圆乎乎的,而且精力充沛以至于人们叫他"炸雷"。希特勒希望他能够做到无条件的顺从,并对纳粹党保持狂热的忠诚。

无论是赛茨勒的热忱还是希特勒对A集团军群的直接领导都不能解决A集团军群对补给、援兵和空中支援迫切需要的问题。随着夏季军队能量的消耗,秋季只取得了局部的战果。在德军的右翼,第17集团军的步兵部队占领了新罗西斯克在黑海北岸的港口,但是在向海岸线突破至图亚普谢却失利了。从迈科普沿一条山间公路发动攻击企图夺取图亚普谢的坦克和山地部队在距海边仅6英里的地方停止下来。在更远的南方,当补给无法通过雪封的山口运送到达时,山地部队放弃了向苏呼米前进。在德军左翼,东面约200英里远的地方,第1坦克集团军在撤退前,跨过特雷克河攻击了依山而建的城市——奥尔忠尼启则。除了侦察任务以外,在苏联领土上的德国军队已无法再进抵更东面的地点了,而此时他们距离目标城市格罗兹尼仅50英里,那儿有着价值不菲的油田。

截止到11月中旬,当降雨和降雪终止行动时,希特勒越来越疏远了对他在高加索的指挥。他将其司令部从文尼察又搬回到了离前线800英里的东普鲁士,而实际上此刻他将所有的注意力都集中到为夺取斯大林格勒而进行的作战上。

针对斯大林格勒的攻势不同于向南对高加索的进

攻，一开始就进展缓慢。回到7月份，韦希的B集团军群的坦克前锋部队奉命调动至斯大林格勒，当最高统帅部保证燃料和其他给养优先快速地运往高加索时，他们的进展停止了10天。

然而在8月初，第6集团军的坦克又一次运动起来。在顿河大河弯处他们完成了一个特别重要的双重包围，终于拦截住了一大批撤退的苏军部队。铁钳在8月7日合拢，当时第14和第24坦克军在卡拉奇对面的顿河西岸会师。他们合围了1000辆坦克和其他装甲车辆，以及超过5万名苏联军队，显然，他们听从了斯大林"绝不后退一步"的命令。这一场重大的包围战役正是希特勒在计划好的"蓝色行动"中所展望的，自5月份从哈尔科夫撤退以来第一次完成了它的任务。在接下来的两周里，德军有条不紊地肃清了孤立的苏军阵地，随后横跨顿河建立起桥头堡，准备发动针对东面40英里以外斯大林格勒的战役。

拥有18个师的第6集团军是B集团军群里的最重要的部队。其指挥官弗雷德里希·保卢斯之所以使他的长官韦希相形见绌，就是因为希特勒不断干预和直接处置这位战地将军的事务。在希特勒的眼里，52岁的保卢斯是一颗正在升起的新星。他是一位从中层开始升迁上来的指挥官，不同于那些出自世袭的贵族军官，而且他非常钦佩希特勒的军事判断力。作为一名军事参谋官，他曾协助制定"巴巴罗萨计划"，同时希特勒还就他在哈尔科夫的作战中对第6集团军的指挥表示了赞赏。由于有过度的洁癖，他每天要洗两次澡，并且在战场上也戴着手套以避灰尘。他还是一位思维清晰的思考者，仔细考虑每一个选项。他个头高大，并且黝黑英俊，而他的第一任参谋长初识保卢斯就被他那张"殉道者般的脸庞"所打动。

保卢斯和韦希制定计划要求部署部队来保护集团军群的左翼，该左翼已然向西北延伸了200余英里直达沃罗涅日。部署的部队包括德国第2集团军、意大利和匈牙利的集团军以及在9月份加入的罗马尼亚集团军。保卢斯企图在两翼部署装甲部队，在中央部署步兵师向东"狠狠地打击苏联人"，打出一条"很长时间"不再恢复的"缺口"。他自己的坦克部队将向斯大林格勒正北的伏尔加河推进，同时霍特的第4坦克集团军从西南方向开过来，攻击该城正南的河畔阵地。于是斯大林格勒已处在装甲雄师的铁钳夹击之下，步兵部队将随即进行正面的攻击。虽然计划中规中矩，但是部队的力量如此强大，以至于保卢斯认为至多一个星期便可将该城攻下。

8月23日星期天拂晓时分，第16坦克师从卡拉奇以北25英里处的桥头堡发动了进攻。顿河以东的干草原对装甲部队攻击非常理想，地面平整而且在两个月无降雨的情况下很干硬，这些坦克兵在漫天覆盖的俯冲轰炸机掩护下，从威斯特伐利亚一路长驱直入，那些轰炸机在偶尔飞低时用其尖锐刺耳的警报器来向他们致意。坐在通信连的指挥车里，高声下达命令的是汉斯·胡贝中将，此人手下的官兵更愿意自豪地称其为"男子汉"。

他制服的左边袖子软软地垂着，他的左臂在第一次世界大战中被炸掉了。胡贝是德国军队中一位卓越的领导，也是唯一一位独臂将军。

胡贝的纵队劈开了微弱的抵抗。苏联人试图在被称为"鞑靼战壕"的古代防御工事处坚守，但是坦克部队很轻易就冲破了它那高大的土墙。当自己的装甲部队开进时，德军采用新战术来对付坦克绕过的小块孤立的抵抗阵地。德军侦察机一旦发现这些苏军的小股部队，就会提示特殊作战部队暂时离开大部队前往剿灭。

进展很快，斯大林格勒很快就隐约可见了。那天下午早些时候，这位指挥官就像一位导游讲话那样，在开路的坦克中用最大声音喊道："在右面，地平线那儿就是斯大林格勒。"而坦克指挥官们就像一群旅游者，他们把脑袋从炮塔里探出来去看这座城池的轮廓，从它南部老城区教堂的洋葱头形圆尖顶直看到北部现代化工厂区的烟囱。1918 年，斯大林曾在此参加军事战斗并取得重大胜利，他认为那场战役是布尔什维克革命的重要转折点。彼时，这座城市还叫做察里津；现在，斯大林格勒是一座 50 万人口的工业化城市，苏联 1/4 的坦克及其装甲车辆在这儿生产，该城沿着伏尔加河西岸像一条窄窄的带子一般伸展出大约 30 英里。

胡贝的先头部队向北郊挺进时，先头的坦克突然遭到来自该城近郊炮兵阵地的炮火轰击。炮击的准星很差，当德军将 37 个炮位全部拔除，他们终于知道了个中缘由：火炮的操纵者竟是临时服役的普通市民和女性工厂工人。如今他们死伤惨重，算是斯大林格勒战役的第一批牺牲者。

大约晚间 6 点左右，第一批德军车辆开过雷诺克北郊并抵达他们的目的地伏尔加河畔。像慕尼黑的青年军官汉斯·特尔中尉用装甲车载着他的宠物山羊"玛蒂"那样，许多德军爬下陡峭的岩壁在河里尽情洗浴来庆贺。其他的人则跟着无轨电车穿过雷诺克的街道，对乘客们满脸的恐惧大笑不已，这些乘客在这个宁静的周日晚上向后张望，竟发现德军坐在卡车里跟在他们后面。

在该河附近的一个环形筑垒防御阵地里，蹲着等

在 7 月下旬一次重要的桥头堡争夺战后，一辆损坏的苏军火箭发射器和其他的装备散落在顿河西岸卡拉奇附近的平原上。第 6 集团军在卡拉奇的胜利是通往斯大林格勒的基石。

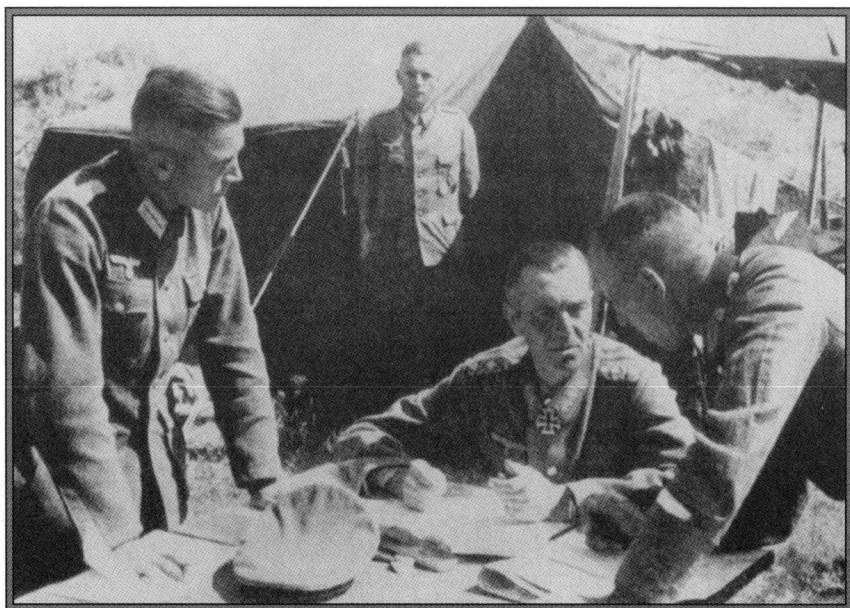

在其位于斯大林格勒郊外的营地中，德军第6集团军指挥官弗雷德里希·保卢斯将军（居中者）正同第76步兵师指挥官卡尔·罗登堡少将（右侧者）以及罗登堡的作战参谋长（左侧者）一起计划他的下一步行动。

待夜幕降临的胡贝部队看到了一场可怕的空中火力打击。自从入侵行动的首日发动大规模攻击以来，德国空军已向斯大林格勒派出了600架飞机。投下的炸弹中超过一半是燃烧弹，而该城内几乎所有的木制建筑都在火中燃烧，燃烧弹投下如此密集以至于后方40英里处顿河沿线的德军士兵可以借着燃烧的火光阅读报纸。大约4万人在空袭中死亡，这些都极大地恐吓了该城市的居民。德军第4航空队指挥官沃尔夫冈·冯·里希特霍芬将军，这位第一次世界大战王牌飞行员曼弗雷德·冯·里希特霍芬的堂弟，在那天晚上的日记里写道："我们简直把苏联人打傻了。"

在这个壮观的开端之后，进攻便停顿下来。胡贝

FW189A-2 猫头鹰 Uhu 战机

  FW189 战机的引擎舱盖上饰有一把剑和一只抓着黄色闪电的白鹰图案，这个图案代表着该机属于第31战术侦察机联队第一飞行中队，该中队在 1942 年夏天于东部前线作战。

国防军的

飞行眼

　　起初，德国空军指挥部的传统主义者还轻视地认为，这样一架双引擎、双垂直尾翼的战术侦察机是不实用的，并预测它会是一种超重的且不稳定的飞行器。但是至1942年，这种不合传统的福克·伍尔夫189型飞机却成为国防军在东部前线的"飞行眼"。

　　这种侦察机长达60英尺的机翼上并排横置了一对465马力的阿尔古斯引擎，尖形乘员舱可容纳3名机组人员。机头舱嵌置了玻璃前罩，照相机设置在飞行员座位后部，以方便机组人员尽可能大范围地搜索下方的区域，它就像其名字所说的，拥有"猫头鹰"敏锐的"眼睛"。

　　FW189的最高时速为每小时217英里，最大航程仅为400英里，而最高飞行升限为2.3万英尺。它的机动性使其足以摆脱大多数的苏联战斗机，它受到攻击时，会亮出自己的"利爪"：飞行员可操纵装置于两翼的一对7.9毫米前射机关枪，同时领航员与飞机机械师可使用两挺7.9毫米双管机关枪来保护飞机的背后部位——其中一挺设置在飞行员后部上方，另外一挺则在机舱中段后部的一个旋转炮塔里。

的坦克集群从雷诺克向南发动攻势，直入斯巴达科夫卡近郊的工业区，不断遭遇到在战壕、碉堡和其他防御工事防守的苏联第 62 集团军和工人民兵队的抵挡。当德国人在强大火力掩护下艰难地发动攻势之时，苏联人也发起了凌厉的反攻。在最前线是 T-34 型坦克，它们刚刚从生产线上下线以至于多数还没有喷涂油漆，并且是工人们驾驶，正是他们刚刚在南边几英里远的捷尔任斯基拖拉机厂将这些坦克组装起来。

胡贝不敢奢望会很快得到援助。他向伏尔加河发起的冲锋已经超出第 6 集团军其他部队援助的范围，甚至是第 14 坦克军的战友们也爱莫能助。2 个摩托化步兵师，第 30 和第 60 师在他后方的狭长走廊地带呈长线状伸展直到顿河附近，长约 12 英里的间隙将这些师分割开来，而苏联人自北方发动的反攻铺天盖地直入其阵地。胡贝的师团因得不到加强和给养补充而备受困扰，4 天后陷入危险的绝境，于是这位将军一度考虑违背希特勒的命令而向西面突围。

直到 8 月 30 日，摩托化步兵部队向伏尔加河发动闪电突击一周后，胡贝的压力得以缓解。他们逼近并封锁了这个走廊地带，抵御来自北面苏军的攻击并将补给线向前推进。走廊地带的南部边缘现在由第 51 集团军的 2 个步兵师镇守。然而德国人最主要的突击——也是让斯大林格勒的守卫者最惧怕的攻击——由霍特的第 4 坦克集团军发起正在向这座城市的南部推进。

截止到8月的第一个星期，保卢斯的第6集团军已进抵斯大林格勒以东的顿河地区，8月7日，第14和第24坦克军发动钳形攻势，合围了仍孤军坚守于卡拉奇河对面西岸的残存苏军。在此后的两个多星期里，第6集团军巩固了其阵地，并跨河建立起桥头堡，为在斯大林格勒的总攻做好准备。8月23日，当第14坦克军进抵城市北面的伏尔加河畔时，又恢复了向前推进，而第51军在其右翼移动。与此同时在南线方向上，霍特的第4坦克集团军在8月的第3个星期已经离城不足20英里，之后因遭到苏军顽强的抵抗而开始止步不前。因为急于同第6集团军会合，霍特将其部队后撤，再向西进行深远迂回。8月30日，第48坦克军肃清了捷夫里洛夫卡地区，并在4天后同第51军会合。这两路大军将其进攻方向直指斯大林格勒。

　　对于霍特而言，这段时间的作战远不如早前顺利。他的部队在夏季早些时候，先是横跨顿河转入南方的高加索战场，继而又在原有的两支坦克集团军少其一的情况下应召进攻斯大林格勒。截止到 8 月 20 日，霍特发现他的部队在亭古塔以北停滞不前，这是一个距该城仅25 英里的小镇。在伏尔加河岸边，斯大林格勒以南高地的河畔小城克拉斯诺亚梅斯克，他的先头部队已经侦察了距这座城市 9 英里的地区。然而他们遭遇了一系列工事坚固的小山头的阻挡，这些工事是该城内防御圈的基础。在整整一周的时间里，当胡贝的装甲部队向伏尔加河以北进军时，霍特的坦克连续炮击了这些由苏联第64 集团军的炮兵和步兵守卫的壕沟、碉堡以及工事，但未取得任何进展。霍特为此失去了 2 位团长、成千上万的士兵、大批的坦克，然而并没有丢失他那冷酷的信念。"我们必须找到不同的方式来解决这件事情，"他对他的参谋长说道，"既然这里没地方可以展开装甲部队。我们必须重整旗鼓，在其他地区发动攻势，哪怕是离这里很远的地方。"

　　霍特在那个晚上开始了大胆的冒险行动。他悄悄

8 月 23 日，第 16 坦克师的一支由卡车和半履带装甲车组成的纵队正隆隆地向东朝伏尔加河开进，正经过一辆燃烧着的俄军卡车。在小插图中，一名负伤流血的通讯兵正在报告前方苏军强硬的抵抗情况。

地将坦克和其他的机动车辆从战线上撤回，代之以步兵
部队，以此来掩人耳目。那晚乃至第二天晚上，他让装
甲部队开足马力，从步兵部队的背后绕到左翼，再在南
面和西面方向上约 30 英里处重新集结部队。在这个新
位置，他可以从侧翼包围斯大林格勒南部这些导致其部
队伤亡惨重的"该死的山头"。

当第24坦克师向北进军斯大林格勒时，一名军官正观察地平线处苏军的动向。一名德军写道："对我们来说，攻取斯大林格勒并不难。元首非常清楚苏联人的弱点何在。胜利已不再遥远了。"

霍特在 8 月 29 日向北发动了攻击。他的"开场白"确实让苏军惊慌失措。已被迂回包围的苏军匆忙撤退。第二天早晨,霍特的摩托化步兵包围拦截了成千上万在东欧大平原上溃退的苏联士兵。在此后的两天里,霍特的先头部队突破了捷夫里洛夫卡的内防御圈,并且进抵直通斯大林格勒的铁路沿线,离这座城市西面已不足 20 英里。

他们突击的成功创造了一个良机。如果保卢斯能够将第 6 集团军的机动部队转向南方同霍特的坦克部队会合的话,则成千上万的苏军将在他们撤入市内之前被分割开。这支联合的德军纵队兴许便能够势不可挡地席卷斯大林格勒。8 月 30 日,霍特的部队攻占了捷夫里洛夫卡之后,B 集团军群立即两次向保卢斯发送通报,敦促他们转向南方进行作战。对于是否向南会合,保卢斯则犹豫不决,他担心自己的左翼会遭到削弱,其左翼的第 14 坦克军仍然需要抵御来自北面的攻击。当保卢斯的步兵最终于 9 月 3 日在贡察里与霍特的坦克部队会合时,他们距斯大林格勒市中心仅几英里之遥了。他们晚了两天到达,因而未能合围苏军,苏军已从广袤的东欧平原上撤退进入市区的街巷中,在那里德军机动战术将不再奏效。

在此后的一周里,德国人加紧了对城市的封锁。第 14 坦克军自北面抢先发动了攻势,从而得以向城市北部工业区推进,但是保卢斯的步兵部队仍然在斯大林格勒中心的西部边缘地区遭到顽强抵抗。然而,霍特的坦克和摩托化步兵又再一次地显示了强劲的实力。沿着该城南部边缘向东继而向北，第4坦克集团军直扑伏尔加河。其后，霍特的部队占领了他们曾经徒劳地奢望过的克拉斯诺亚梅和库伯罗斯诺伊多丘陵的郊区地带。通过上述的攻势，德军将苏联第64集团军切割围困在斯大林格勒下方地区，把苏联第62集团军孤立在这座城市里。

保卢斯现在面对的是一个缩小至城市周边大小的密集的防御圈：从南郊至北郊只有几英里的纵深和20英里的长度。此防御圈由已经孤军奋战且残破不全的苏联军队防守，孤立在城里的第62集团军只有5万人和100辆左右的坦克。为了进攻这个防御圈的中部和南部，保卢斯准备动用10万人和500辆坦克，同时用超过1000架飞机进行掩护。

这两路并进的攻势于9月13日星期日早晨开始发动，此前由俯冲轰炸机和大炮实施了猛烈的炮火准备。当霍特的4个师从南面发起攻击之时，其他3个步兵师则从西面推进。他们的攻势被萨里萨河断开的一个约200英尺深的峡谷所分割开，它将城南端分割为城市的第三个部分。峡谷北部的步兵纵队直指城区的政府大楼和主要的火车站。在左侧，他们向马马耶夫山前进，这是一个可控制市中心的高335英尺的高地，在军事地图上它被命名为一〇二高地，因为其水平高度为102米，它在古时是一处坟场，现在成了深受市民喜爱的野餐区。在夜幕降临以前，德国的步兵部队涌入了高地西侧仅仅一英里的小树林里。

斯大林格勒

　　德军正向一〇二高地上推进,从此处可以居高临下俯控斯大林格勒北部和中部郊区(背景图像)。城市周边恶劣的地形条件阻碍了前进的德国军队。"从广阔无际的大平原,"一位德国将军记录道,"战争转入到沟壑交错的伏尔加丘陵地带,丘陵在这片崎岖不平、沟壑纵横的国土上随处可见。"

星期一，德军在峡谷两侧突破进入了城市的街区。在南面，第 24 坦克师的小分队占领了城南火车站，并且向伏尔加河方向发动猛烈的攻击。在北面，坦克和满载的步兵涌向市中心。他们拿下了马马耶夫山顶并占领主要火车站以及附近红色广场的部分区域。

第 71 步兵师的部队曾一度打开一条通往市区的街道，切断向东通向河的一条狭长通道。他们的目标就是城市中部的渡口码头，那儿是苏联人从伏尔加河东岸得到物资补给和兵力补充的主要枢纽。德军在黄昏时距离码头仅剩半英里。然而，德军也付出了惨重的伤亡代价——一个营仅剩下 50 名仍有战斗力的士兵——他们遭到了一股 NKVD 小型部队的阻击，这些部队在码头周围分散成若干小分队，组成防线与德军展开小型遭遇战，并且弹药耗尽会有摩托艇补给。当得到 1 万名苏联生力军的加强之时，这座中心码头的重要性在那一夜有了戏剧性的变化，近卫军第 13 师从河东岸抢渡加入战斗。这些部队是 10 万苏联士兵的先头部队，主力将于此后的两周内抱着必胜的决心横渡伏尔加河，阻击德军的进攻。

德军进攻的步伐放慢下来。每一寸土地双方都在反复地争夺。截止到 9 月 16 日，主火车站已经 15 次易手。马马耶夫高地山头的争夺者们在山坡上上下下地反复冲击。任何一条街道，正如一名德国军官在家信中所言："不再是以'米'而是以'尸体'来丈量了。"

对德国人而言，这是一种全新的作战方式，人们

称之为"老鼠战争"。在广阔的平原地带，他们在空军和装甲兵力上占有绝对的优势，然而此时不再能确保成功了。空军每天平均出击1000架次，但是飞行员发现，当地面部队在弹丸之地上混战时，根本不可能对目标进行精确的轰炸。坦克可以轰掉整幢大楼，然而苏联抵抗者的小分队却仍然存生于地下室之中。坦克陷入了狭窄的、瓦砾如山的街道中，其防护薄弱的后部座舱成为苏联人的大炮、手持反坦克炮甚至是从二层楼窗口投出的手榴弹的攻击部位。

日日夜夜，战火纷飞的城市中心要爆发上百次激烈的小规模战斗。残酷的战斗不断地在楼宇的楼层间和房屋间展开，战斗到最后竟使用了最原始的方式，如用刀子、棍棒、尖铁铲甚至是石块。

"我的上帝呀，你为何抛弃了我们？"第24坦克师的一名中尉在1942年那个可怕的秋季里这样写道，"为了一座房子我们已经战斗15天了，使用了迫击炮、手榴弹、机枪，还有刺刀。战斗的第三天，54具德国士兵的尸体横陈在地下室、平台上，还有楼道里。烧毁的房屋之间的过道，在两层楼间只剩一层薄薄的天花板。"

在他们向伏尔加河突进的途中，德军将那些需要几天或几周才能清除的仍在抵抗的"孤岛"抛在身后。其中一个苏军堡垒是位于城市南部边缘的一座堆满麦子的谷仓。自德军进攻的第二天，即9月14日起，就开始了为这座起初由不足50名苏联人守卫的巨大混凝土

废墟中的战斗

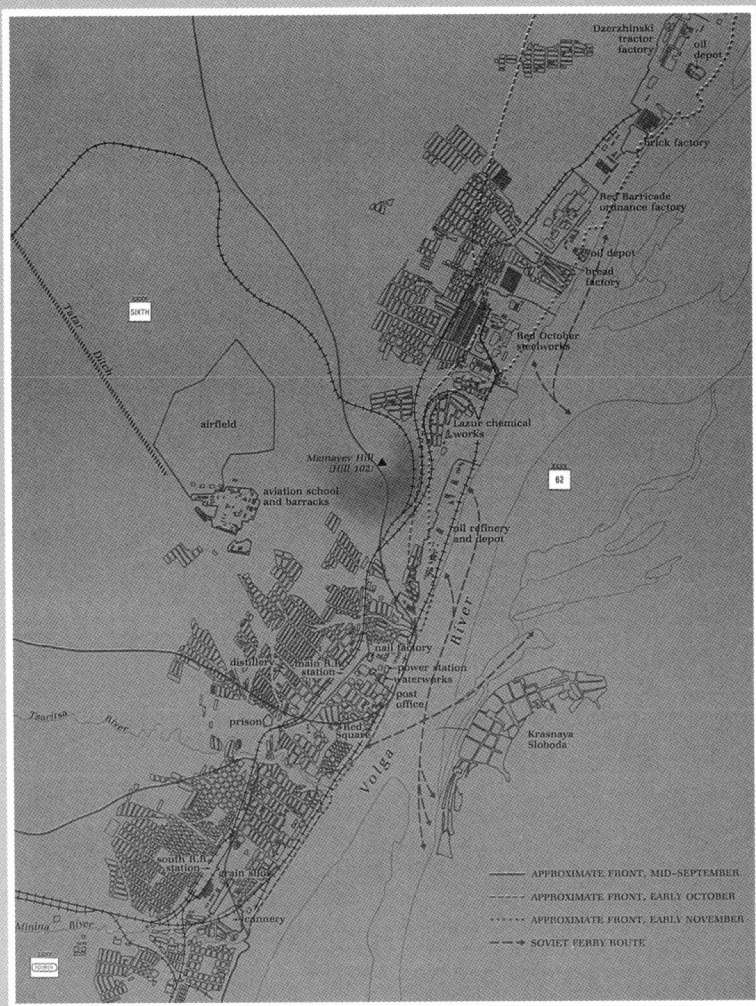

Dzerzhinski tractor factory
oil depot
brick factory
Red Barricade ordnance factory
oil depot
bread factory
Red October steelworks
SIXTH
airfield
Lazur chemical works
Mamayev Hill (Hill 102)
aviation school and barracks
62
oil refinery and depot
Tsaritsa River
nail factory
distillery
main r'y station
power station
waterworks
post office
Tsaritsa River
prison
Red Square
Krasnaya Sloboda
Volga River
south r'y station
grain silos
Minina River
cannery

APPROXIMATE FRONT, MID-SEPTEMBER
APPROXIMATE FRONT, EARLY OCTOBER
APPROXIMATE FRONT, EARLY NOVEMBER
SOVIET FERRY ROUTE

1942年秋季，为了争夺斯大林格勒，保卢斯的第6集团军和霍特的第4坦克集团军同由瓦西里·朱可夫将军统帅的苏联第62集团军展开了寸土必争的激烈战斗。截止到9月中旬，德军控制了城市中部和南部的大部分地区，但直到十月初，纳粹万字旗才终于插上红色广场。在斯大林格勒城北部分，第6集团军陷入了艰苦的巷战中。截止到11月初，德国军队几乎控制了整座城市。但是，依靠横跨伏尔加河渡船来供给的苏联守卫者们，却依然顽强坚守着河西岸零星的桥头阵地，与此同时，在南面和西北方向上，红军仍然保持着进攻之势，要包围并且一举歼灭这些"围城者"。

建筑的争夺。"这个营正在遭受惨重的损失，"一位名叫威廉·霍夫曼的德军士兵写道，"每个连队只剩不超过 60 人。这座仓库的守卫者不是凡人，而是用炮火或是子弹都难以摧毁的恶魔。"在守军得到一个排苏联海军陆战队的加强后，霍夫曼绝望地写道："如果斯大林格勒所有的建筑物都像这样防守的话，那么我们的士兵将没人能回到德国去。"在 9 月 22 日这些守卫者被德军用瓦斯清除出这座冒烟的谷仓之前，这份"苦差"最终需要霍特部队 3 个师的多个分队才完成。

入侵者逐步清除了那些抵抗最强烈的障碍。截止到 9 月 27 日，保卢斯发动进攻两周之后，他终于能够对外宣称已征服至少一半以上的地区。霍特的坦克部队——现在归保卢斯指挥——控制了萨里萨河南边的旧城区。保卢斯自己的步兵部队占领了市中心，甚至在 9 月 25 日攻下一个至关重要的渡口码头，但是，保卢斯没有理由庆祝。在过去 6 个星期的战斗中，从顿河到伏尔加河，他已经损失了第 6 集团军 10% 的兵力：7700 人阵亡，3.1 万人负伤。苏联方面的伤亡是德军的两倍，且不包括成千上万逃亡的士兵。而斯大林格勒的核心地区——北部的工业区，仍然有待于征服。

在 9 月 27 日，战斗的焦点转移到北面。目标是 4 座重要的工厂，它们与住着工人们的宿舍区连在一起，这片厂区占据着毗邻伏尔加河约十几英里长的宽阔地带。自北向南，分布的是制造坦克的捷尔任斯基拖拉机厂、"红墙"军械厂、制造大量小型武器的"红十月"钢铁厂以及拉苏尔化工厂。

保卢斯重新调整了他的师团，从北面、西面和南面逼近这些工厂。第 71 步兵师，这支从市区沿着伏尔加河向北进军的部队，不由得担心其左翼的不利局面，在那儿的老城区里抵抗力量仍然坚持给德军制造混乱。在城市的中心地带，德军和苏军继续争夺着马马耶夫高地的控制权。

在保卢斯从北面和西面发动对工厂区的全面进攻之前，他需要消灭奥尔洛夫卡城附近突出部的苏军，这里距离拖拉机工厂以西 3 英里远。在德军的走廊地带外的苏联军队通过从北面突击第 14 坦克军把守的该地区，从而制造了这一突出部。突击部约有 5 英里长、2 英里纵深，它严重威胁着第 6 集团军攻击部队的侧翼。9 月29 日，保卢斯使用从 4 个不同的师抽调的军团发动了对奥尔洛夫卡突出部的攻势。

第 60 摩托化师有一支部队由海因里希·克洛茨中尉率领。时年 43 岁的克洛茨指挥着战场上一支年龄最大的德国部队，他们当中有 1/3 人像克洛茨一样参加过第一次世界大战。克洛茨和他的老兵们正滋生着对斯大林格勒争夺战厌倦的情绪。当被告知将没有坦克支援他的部队进攻时，他强烈地抱怨着。尽管在那个早晨他预感灾难会降临，他仍然恪尽职守，振臂率领他的士兵们冲上山头。苏联的飞机突然出现在他们头顶上空，投掷了成堆的炸弹并猛烈扫射。德军将在几天后成功地打击这个突出部，然而在第一天晚上，当克洛茨同医务兵一起去检视伤亡情况时，他发现起初他率领加入战役的120人中，有90人如今已尸横沙场或身负重伤了。

保卢斯同样忧心忡忡，即便他依然期待着他所要发起的这轮攻势将最终结束这一场战役。他从顿河后方调集他最后所剩的预备队，现在得以有11个师部署在斯大林格勒城内和周边地区，与守御者们保持着二对一的优势。但是，他左脸明显的神经抽搐还是暴露了他对于兵力不足的担心。"没有兵力增援，"他的参谋长汇报说，"短期内我们的军队将无法攻取斯大林格勒。"德军是不可能撤退的。蔡茨勒将军，这位哈尔德的继任者建议撤退，确实让希特勒甚为震惊。但是，元首于9月30日在柏林演讲时却发誓要拿下该城，他向他的听众们讲道："你们应当确信，没人能让我们从那里退却。"

在10月间，斯大林格勒北部的战斗已经演变成火力密集的毁灭性爆炸，以及小部队间不断的战斗相交替的局面。比如在10月2日，德军炮兵集中火力轰击"红十月"钢铁厂。巨大储油罐引起的爆炸震动了整座城市，燃烧着的油所形成的火浪从岸壁上直冲下伏尔加河中。3天后，俯冲轰炸机出动2000余架次攻击工厂区，其中700架次针对捷尔任斯基拖拉机厂。就在同一天，即10月5日长达40分钟的时间里，超过300门的苏军大炮和迫击炮从伏尔加河东岸不停地向德军轰击。

　　与此同时，狙击手射出子弹的尖啸声在残垣断瓦中不断响起。苏联的狙击手们以被摧毁建筑物的残存框架为依托，猛烈射击入侵的德军步兵。其中一位神射手瓦西里·扎伊采夫成为民族英雄，他曾是一名牧民，在乌拉尔山脉山脚下狩猎鹿群时练就一身过硬的本领。他于9月20日到达斯大林格勒，在10天里就利落地干掉了40名德军。此后，在临时设立于拉苏尔化工厂的学校里，扎伊采夫开始向"徒弟"们传授他的"死亡艺术"。

　　为了对付像扎伊采夫这样的对手，德军派来了他们自己的专家——党卫队上校海因茨·托尔瓦尔德，他曾在柏林附近的狙击手学校任指导。托尔瓦尔德悄悄潜入位于工厂和马马耶夫高地间的无人区之后，他很快就发现了扎伊采夫最有经验的两位战友的踪迹。于是，在这场由双方步枪瞄准镜指引的扣人心弦的"狩猎"中，这两位大师级的狙击手开始了相互间的伏击。从天未拂晓，这一对对手就开始在断壁中寻找掩体并且在其后面匍匐了一天，不断地在他们前方的废墟中搜索以找到自己的"猎物"。偶尔，一方会摇一摇钢盔或是手套，企图诱骗对方开火，并以此找到对方所在的位置。

　　第三天，托尔瓦尔德发动了攻击。当他看见有人小心翼翼地从一堵矮墙上面站起身时，他正趴着埋伏在一块铁板下面。那人是扎伊采夫的一位同伴，于是托尔瓦尔德向他射击并击中其肩部。但是扎伊采夫却因此发现了德国佬隐藏的位置。第二天，扎伊采夫和另一位同伴制定了一个计划，并进入了战位。这个小伙子慢慢地举起他的钢盔，托尔瓦尔德开火了。于是，他像被击中那样发出惨叫。当托尔瓦尔德稍稍露出头以求更好地观察时，扎伊采夫一枪正中德国佬的眉心。据苏联方面的统计，在斯大林格勒战役当中，扎伊采夫共击毙了242名德军官兵，而他仅仅失去了自己的视力而已，那是因为一枚被踩响的地雷炸瞎了他的双眼。

10月14日，保卢斯发动了对斯大林格勒北部的最强大的攻势。他集中了3个步兵师和2个坦克师的200辆坦克，他的部队攻破了1英里长的商店区和拖拉机厂的生产厂房。炸弹、炮弹和小型武器的火力极为密集，

苏联士兵经过斯大林格勒城南被烧毁的工人住宅区为了掩护大部队撤退而突进。德国指挥官不得不承认苏联人最善于巷战，这是斯大林格勒激战的特征。

斯大林格勒南部的德军正准备用榴弹炮射击远处废墟中冒烟的目标。这场谷仓（背景中央）争夺战是斯大林格勒战役中最血腥的战斗之一。

以至于倒塌墙壁造成的烟雾和尘土遮蔽了太阳，并且厚厚地覆盖着整个地区，竟使得交战双方连看到 6 码以外的目标都异常的困难。借助坦克和俯冲轰炸机猛烈轰击苏军的据点，德军占领了大片的房舍。那天夜晚，在 1 英里多宽度的阵线上，他们向伏尔加河方向突破，将苏军第 62 集团军分割成两半。随后，攻击部队转向南方，并且一路直取"红墙"军械厂和"红十月"钢铁厂。苏联人在新攻势的头 3 天里有 1.3 万人阵亡和负伤，几乎占了收缩在城区内部队人数的 1/4。

在"红墙"厂区内，德军进攻遭到延缓。直到 10 月 24 日，得到坦克支援的第 14 装甲师摩托化步兵才攻下第一座大楼，一座位于工厂区南部角落的面包厂。

对第二座楼房的攻势在第二天即陷入僵局。一名叫埃塞尔的中士躲在一辆被击毁的装甲车后面观察到这场"厮杀"。马路对面躺着他们连长的尸体。在他身后的排长同样也阵亡了。一名班长躺在一旁，头部重伤并且歇斯底里地呻吟着。

对于埃塞尔而言，这一切都太残酷了。他像一个疯子一样，双足猛力跳起，大吼一声"冲啊！"率领着他这个排里幸存的十几名战友冲过第二座楼前60码的开阔地带，冲到那堵尚未毁坏的墙壁前，他们用炸药炸开一个大洞后就爬了进去，抓获了躲在窗子后面向院子里射击的苏联守卫者，然后奇袭了二楼的苏联人。这支小分队一直不停地攻击，直到抓获了80名俘虏、缴获1门反坦克炮和16挺重机枪，乃至占领整座大楼才善罢甘休。这次持续了15天的攻势使得双方均筋疲力尽，德军控制了城市90%的地区，而苏军只坚守住了两块小区域，包括很少一部分工厂厂房和几英里的河岸。两块区域是被分隔开的，其中一个

1942年10月，在环球百货大楼上飘扬的一面旗宣示了纳粹短暂的胜利，这座大楼的地下室后来成为德军第6集团军的司令部所在地。在城内几周激战之后，一名疲惫的德军士兵（插图右侧）对他身后燃烧的大火漠然无视，他毫无生气地看着这个世界。

桥头堡位于环绕雷诺克和斯巴达科夫卡的北部郊区；另一个则在拉苏尔化工厂和包括"红十月"钢铁厂的部分。在后者区域里，苏联指挥官瓦西里·朱可夫被迫再度迁移自己的指挥部，这次是设在一个可俯瞰河流的在砂岩上开凿的隧道里。这已经是他在 7 个星期里的第 5 个指挥部了，与出现面部神经抽搐的保卢斯一样，精神高度紧张的朱可夫也出现了一些症状：他深受神经性湿疹的折磨，不得不在他手上大面积溃疡的部位裹满了绷带。

对希特勒而言，征服这座城市最后 10% 的区域并没有战略上的好处，但在心理上却有重大的意义。斯大林格勒是苏联顽强抵抗精神的象征，且希特勒迫切需要一场胜利。截止到 11 月初，希特勒向高加索的进军已经停顿下来。在北方，曼施坦因的第 11 集团军打破列宁格勒外围僵局的企图亦以失败告终。从北非传来的消息也同样的糟糕。在英国军队取得阿拉曼战役大捷之后，隆美尔被迫向西撤出埃及。当希特勒于 11 月 8 日到达慕尼黑参加纪念"啤酒馆暴动"19 周年庆典之时，他接到的是美英军队在摩洛哥和阿尔及利亚登陆的报告。

希特勒所受的打击在此前一天晚上就已经暴露无遗了，当时他的专列火车在开往巴伐利亚首府途中停靠在侧线铁道上。元首同客人们坐在他那优雅的车内用晚餐，此时他注意到被牵引至旁边铁轨上的一列货运列车。车上载满了衣衫褴褛的士兵们，有不少人都负了伤，他们是从东线返回的。希特勒的晚餐同伴之一，军械和战时物资部长阿尔伯特·施佩尔事后提到，在这样一种场合下，元首本应立即在窗口前示意自己的到来。然而当他看到这些老兵在仅仅几码之外注视他时，希特勒没有做出任何的问候手势。相反，他命令一名侍者拉下窗帘。

为了更好地履行他在慕尼黑所讲的话"地球上没有任何力量会迫使我们再退出斯大林格勒！"希特勒命令加强增援力量。虽然并不是保卢斯所请求的步兵师，但毕竟有 5 个精锐的战斗工兵营。他们都是使用火焰喷射器和炸药爆破扫除前进途中障碍的专家，保卢斯立即将他们派往前线战斗。

11 月 11 日清晨，工兵们刚刚从东面进入厂区，就加入了在"红墙"军械厂废墟中的战斗。他们的目标之一就是一座可俯瞰当地地形的砖瓦结构的建筑物，守卫者正在从那些小射击孔里非常精确地喷射出致命的密集火力。第 50 工兵营的坑道工兵在大楼上打开了突破口，并将苏联人赶进了地下室。带着异常的愤懑，这些德国士兵劈开了地板。他们点燃汽油罐投进去，然后放下炸药包并将其引爆。为弄瞎可能幸存的苏军，他们还投掷了许多烟雾弹。

像这样的行动也使得工兵部队付出了惨重的代价。当他们在斯大林格勒开始激烈战斗的日子里，3000 人的部队有 1/3 死亡或负伤。然而，新的作战技术的运用和步兵部队最后的冲锋使得德国军队得以将防守者向后挤压，硬是打开了通往伏尔加河的另一条通路。现在，保卢斯已将红军分割在河西岸的三块岌岌可危的立足点上：一块是钢铁厂以南由主力部队控制的地区，还有在军械厂附近的一块仅 100 码纵深的楔形地区，以及在雷诺克的拖拉机厂以北的一小块地带。第 16 坦克师在这个寒冷的 11 月为争夺雷诺克的阵地而奋战，在 8 月份发动首次向伏尔加河的突然进攻之前，该师曾占领过此处近 3 个月之久。

如果保卢斯不能够再为另一个有力的攻势积聚力量的话，他寄希望于冬季的降临可以消灭敌军。大量的冰块正在伏尔加河中堆积而起，苏军无法使用小型渡船和驳船给严阵以待的西岸运送增援物资和补给。大约还得几个星期之后，河水才会完全结冻并可以保证人员与车辆安全横穿冰面。11 月 18 日，气温再次降到冰冻点以下，而那些寒冷、饥饿并缺乏武器弹药的苏联守卫者们在没有补给船到达的情况下，又连续度过了四天。

在那个冬日的下午，当德军在残酷的小规模战斗中调整攻势时，不祥的讯息降临到保卢斯的头顶。几个星期以来，在斯大林格勒以南伏尔加河沿线以及城市西北的顿河沿岸保护德军侧翼的罗马尼亚军队，已经警觉到他们的正面有大批的苏联红军部队集结。现在，几乎可以听到正在集结的苏军步兵长形纵队嘈杂的行军声，以及数百辆苏军坦克发动机转动的声音。这真是一个可怕的角色调换，这些斯大林格勒凶狠的入侵者即将要变成悲惨的守御者。

苏军战线附近的德国士兵正在展开一面军旗，以此向德军航空兵警示他们部队的位置。

军队的
"空中铁拳"

经过 1942 年的夏季攻势，在此前战斗中发挥巨大作用的德军航空兵已经作为德国军队的一支"空中铁拳"来使用。除了少数几次对苏联油料储备设施和后勤生命线的空袭以外，第 4 空军将其全部兵力投入了为向斯大林格勒和高加索地区突进的南方集团军群扫清道路的战斗。空军联络官们乘坐摩托化先头部队的装甲车，协同指挥在前线的空地联合作战。

"我们没有自己的战术任务，"一位飞行员解释说，"航空兵渐渐地变成了地面部队的支援火力，或多或少地被当作远程炮兵来使用。"的确如此，对于缺乏人员和坦克的军队而言，确实经常需要空中支援来粉碎红军的抵抗，以及预先侦察广阔的前沿阵地。

在某种程度上多亏这种内部协同的合作，截止到 8 月底，德军已经兵临斯大林格勒城下，并且将他们的旗帜插上了高加索山脉的最高峰——厄尔布鲁士山。然而，就像地面上的友军一样，德军航空兵也正在打一场消耗战。在冬季到来之前，他们取得了制空权，至少在飞机的绝对数量上，仍然超过了苏联军队。

侦察广阔无际
的苏联

每天，德军战术侦察机都要升空侦察广阔而又陌生的苏联地形，这些广袤的土地极大地消耗着向东推进的德军。

飞行员经常带回的照片显示了还没有在德军地图上标注的地形，而战地指挥官就利用这些信息在最后一分钟改变其进攻的计划，这些临时变更既为德军争取了时间，又减少了牺牲。例如，在高加索地区的拉巴河，因为没人能找到渡河的通路，第16摩托化步兵师只得停顿下来。一名士兵回忆道："这之后，我们接到了最新的航空摄影照片。照片显示有一座新建的铁路桥还没有标示在地图上。"德军摩托化部队很快便涌向这座新发现的大桥。

1942年8月23日，第4航空队司令官沃尔夫冈·冯·里希特霍芬将军正在通过军用望远镜观察斯大林格勒的防御情况。图中在他身后的半履带装甲车里，是汉斯·胡贝将军，他的第16坦克师正好在那天进抵伏尔加河畔。

一架FW189A型飞机正沿着高加索地区的一条蜿蜒的河流进行侦察。这种"福克·伍尔夫"飞机外形虽小但坚固耐用，武器装备精良且具有机动性，苏军战斗机难以击中它。

老式轰炸机
"多面手"的新任务

　　由于苏联战斗机的制空能力相对较弱，德国老式的双引擎"亨克尔"式轰炸机在东部前线又找到了第二次"生命"。德军使用这种笨重的老式"亨克尔"111型轰炸机来完成若干任务，这是它的设计者于30年代早期发明它时都不曾梦想过的。这些新任务包括出动为前进中的部队提供空中掩护（见图示）、提供近地支援、空运补给和人员，甚至牵引运输滑翔机，所有这些任务的执行都威慑到铁路枢纽、部队的集结和补给供应，当然还包括它能执行"亨克尔"传统的轰炸。

　　亨克尔111型轰炸机正在飞行，为一支行进中的摩托化步兵纵队提供掩护。虽然这种轰炸机在不列颠战役中成群地被击落，但是在苏联却受到德军地面部队的欢迎。

在遭受德军俯冲轰炸机轰炸后，苏联的T—34型坦克废弃在哈尔科夫城附近的战场上。

一架俯冲轰炸机正从苏军防空阵地冒起的黑烟上空飞过。德军的地面指示人员经常是在没有无线电联络的情况下，用他们的信号枪和照明弹来引导投弹手。

一群容克87型俯冲轰炸机向顿河附近的目标投弹后，正列队飞过。如果有可能，俯冲轰炸机飞行员会试图从苏联坦克的背后投弹，因为那里是其最易受攻击的部位。

俯冲轰炸机：
最出色的坦克杀手

容克87型俯冲轰炸机在苏联给德军地面部队以有力的支援，如同它在波兰、荷兰、比利时和法国的"闪电战"中表现的一样。这种笨重的、鸥翼式的俯冲轰炸机给苏联坦克以毁灭性的攻击。

"只有一个奇迹可以从这场十足的灾难中拯救我们，"一位德军士兵这样回忆道，他的部队曾处于经常遭受敌军装甲部队侵扰的地区。"而奇迹就这样发生了。突然间，天空中充满了一种低低的嗡鸣声，继而变成一阵怒吼。我们抬头仰望，看见一波又一波的俯冲轰炸机成楔形队列向下俯冲。它们准确地略倾其右侧机翼，同时其警报器发出一种令人心悸的尖啸声，冲过苏军坦克的上空。顿时，蘑菇云般的黑烟腾空升起，这些金属构筑的'铜墙铁壁'被炸得分崩离析、碎片横飞。"

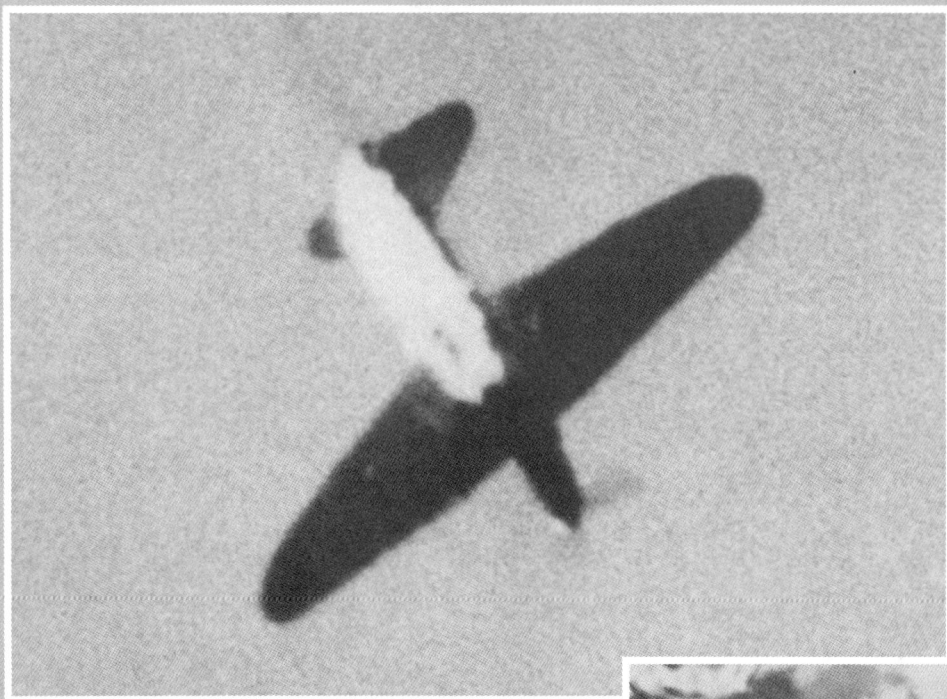

一场空战角逐的失败者——一架正在燃烧的苏联伊尔2型攻击机正旋转着向地面栽下去,与此同时,机上的飞行员在跳伞时被俘虏(左侧照片)。这名飞行员(正对偏右侧者)随即受到德军飞行员的审讯,审讯员中包括飞行大队长戈登·葛罗布(佩戴骑士十字勋章者),是他将这架飞机击落的。葛罗布生于维也纳,此时已是德军空军的王牌飞行员之一。1942年8月,在高加索上空发生的为期两周的大规模空战期间,他共击毁了32架苏军飞机。

苏联领空上的"飞行大师"

截止到战争的第三个年头，德军空军的作战飞机已极少满员全力开展战斗了，尽管他们的飞机较之苏联人的飞机更为优越，将苏军飞机拒之于德军飞机地面后勤区域之外，对于训练有素的德军飞行员来说并非难事。

由于德军战斗机被分散得厉害，他们的行动被局限在战事最紧迫的区域。正如一位飞行员所解释的那样："航空燃油和武器弹药极为缺乏，以至于在前线我们被迫分成小型战斗单位在有限的区域上空行动。"

尽管这些困难存在，德军空军仍然战绩不菲。在1942年7月连续3天的战斗中，为了掩护第6和第2集团军向东发动的攻势，德军飞行员击落了92架苏联飞机，并且还将35架苏军飞机击中燃烧。

将斯大林格勒变为废墟

9月初，德军航空兵发动了一次有计划的轰炸行动，攻击斯大林格勒，以利于随后发起的地面攻势。轰炸机的首要目标就是机场、工厂和铁路设施，以及那些穿梭于伏尔加河上载运援兵和后勤补给的船只。

由于德军的先头部队几乎已进抵敌军的阵地，因此轰炸必须非常准确。德军航空兵的战术家们运用航空照片来确认准确的目标，然后在地图上标注下来并在行动前交给飞行员。

空中力量的攻击使得斯大林格勒变成了一片残垣断瓦，然而驱逐苏联人的企图却遭到失败。一位将军承认说："我们越是制造废墟，那些守卫者就越能够找到掩体。"

一支俯冲轰炸机编队正穿越伏尔加河搜寻目标。尽管德军飞机很少遭到苏军飞机的抵抗，但是防空火力却很密集。

一枚炸弹朝城市中心直冲下去。镜头中所示的地面上的线条是拉苏尔化工厂旁的铁路，这也是德军飞行员最喜爱的目标，他们称之为"网球拍子"。

在遭到德军俯冲轰炸机袭击后，斯大林格勒工业区的厂房冒起冲天的黑烟。图片近景处仍然完好的木制房屋是工人住宅区。

3. 伏尔加河的炼狱

1942 年 11 月 19 日清晨，晨曦缓慢地降临到这片平原上。夜间的一场大雪造成了重重迷雾，气温徘徊在华氏 20 度左右。在地下掩体里，沃尔夫·佩利坎中士在远处传来的一阵隆隆炮声中醒来。他是一名德军前沿观察哨的气象观测员，哨所位于斯大林格勒西北 100 英里处的顿河大河弯附近，枪炮声并没有引起佩利坎的警觉。此前，这里曾有过多次的阻击交火，而他这个方向上相对平静得多，似乎远离了城区那可怕的混乱。炮击仍然持续，佩利坎从行军床上爬起来，开始穿着他的制服。当所有火力戛然而止时，他已经穿好衣服，然后打开门去吃早餐。

随即，一名连队传令兵冲向这边，他一边挥舞手臂一边大叫："苏联佬来了！苏联佬来了！"

"你简直疯了！"佩利坎喊道。但是随即他向北方看去，当风吹散迷雾之时，他看到大批坦克充满压迫性地从一座小山顶上爬过来。它们是苏联的 T−34 型坦克。佩利坎立时便如冰冻一般僵住了，随后又被另一幕可怕的情景惊得目瞪口呆：成百上千的罗马尼亚士兵从原野上向他这里蜂拥过来。当他们在溃逃中经过他的哨所时，这些罗马尼亚人惊叫苏联人就紧跟在后面。

1942 年底德军第 6 集团军的士兵戳探着一座经数月狂轰滥炸和残酷巷战早已残破不堪的建筑，他们正在寻找可御寒及躲避苏军狙击手的掩体。"动物都逃离了这座地狱，"一位在这座死亡城市中被俘的军官写道，"只有人类仍在这里坚守着。"

1942 年 11 月 19 日，在进攻斯大林格勒西北的罗马尼亚第 3 集团军守卫的一段前沿阵地时，身穿冬季伪装服的红军步兵（左图）站立在 T-34 型坦克的顶部投入战斗。前进的苏军深知罗马尼亚人斗志甚低而且他们当逃兵的比率很高。

两名趴在雪地里的德军步兵，躲在一门缴获的苏军轻型反坦克炮后面，正徒劳地坚守着逃跑的罗马尼亚盟军丢弃的侧翼阵地。两年前，希特勒告诉他的将军们，德军部队绝不能指望罗马尼亚人。

在此时，一种可怕的恐惧摧垮了这一小股德军部队。该哨所指挥官上了一架轻型飞机并朝南面飞去。佩利坎和其他人抓起他们能拿到的行李扔进卡车里。司机立即便发动汽车，颠簸摇晃地穿过坑洼不平、积雪覆盖的地面离去。在挤进一辆面包车后，佩利坎向后面看去并注视着仍然停在斜坡上的苏军坦克，直到这不祥的情景消失在雾气中。

德军第 6 集团军向斯大林格勒突击时制造了一个巨大突出部，类似上述的恐惧和逃亡的情景同样笼罩着其西北周边地区。情报部门曾经预警过苏军的反攻，而且空中侦察已观测到苏军的确已集结。但是当这次攻击到来时，它远比所有人想象的更加迅猛。就像佩利坎中士从 8 英里外听到的那样，攻击以猛烈的炮兵火力开始：

3500 门加农炮和迫击炮在"轴心国"的防御圈上轰开了巨大的突破口。在早上 7 时 20 分开始的炮击持续 80 分钟之后，苏军第 5 坦克集团军从其位于顿河塞拉菲莫维奇的桥头堡向前猛烈突击德国 2 个各有约 500 辆坦克的装甲军、1 个骑兵军以及 6 个步兵师。在同一时刻，几乎同样强大的苏军第 21 集团军从其位于塞拉菲莫维奇东南 25 英里处克莱茨卡亚的桥头阵地向南方攻击。

在灰蒙蒙的尘雾中，坦克方阵向前猛烈射击。在后面紧跟着穿着白色冬季伪装的成群结队的苏联步兵，他们在坦克后面寻求掩护，或者紧随坦克的侧翼。总共约有 50 万苏联军队在尼古拉·瓦图京少将指挥下，向突出部的北面阵地发动进攻。

两路苏军均率先猛烈攻击由德国的罗马尼亚盟军把守的阵地。尽管缺乏训练而且装备较差，还是有许多罗马尼亚军队猛烈地抵抗了好一阵子。其他的部队则用一位德军将军的话来说"在一种难以形容的坦克恐慌"中死亡，或是一看到 T-34 型坦克开过来就抱头鼠窜。24 小时内，罗马尼亚第 3 集团军土崩瓦解，在突出部的北部前沿留下了一个 50 英里的缺口。罗马尼亚军队已经有超过 7.5 万人阵亡或投降——有时投降即意味着死亡，在战斗前沿，苏军对高举着双手、排着队列向他们走来的投降敌军无差别扫射。

当苏军 T-34 型坦克编队穿过烟雾攻击补给营地、通信中心和军事指挥部时，许多小股德军部队也与佩利坎

陷入重围的第6集团军

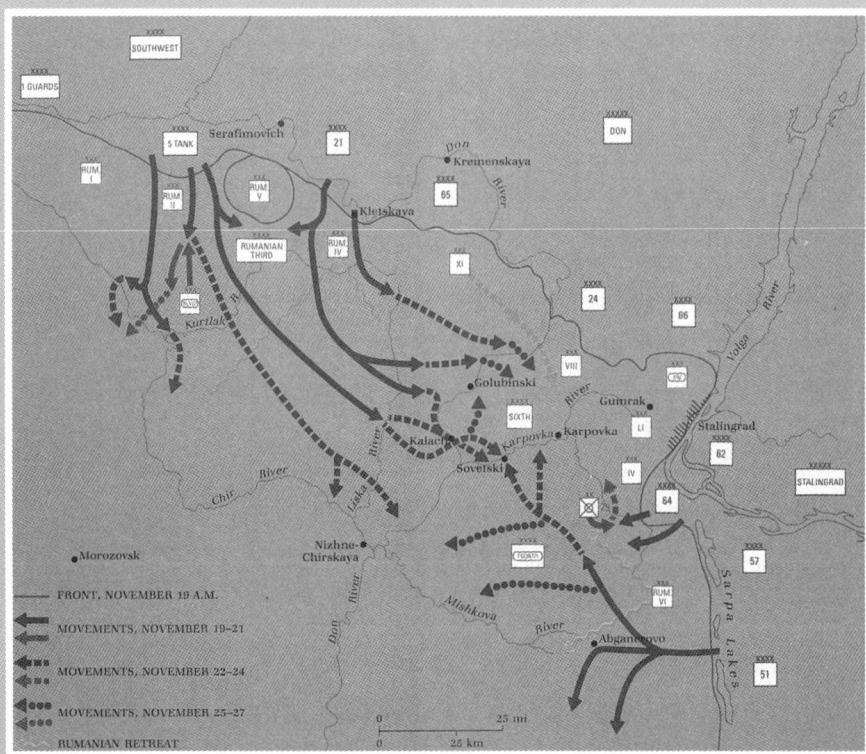

　　11月19日早晨，大量从B集团军群抽调出的部队云集在斯大林格勒周围，苏联人突然发动了一次精心策划的围攻。第21和第5坦克集团军的步兵和装甲部队从沿着顿河塞拉菲莫维奇和克莱茨卡亚建立的桥头堡突进，猛烈打击了B集团军群较薄弱的北部侧翼，粉碎了罗马尼亚第3集团军，并且击退了第48坦克军的反突击。第二天，苏军攻破了斯大林格勒以南同样薄弱的德军侧翼。随即两支先头部队赶赴保卢斯第6集团军后方会合，一路上绕过德军工事很少停下来抓捕战俘。11月23日，这两路不可抗拒的苏军雄师在索维茨基会师，合围了25万轴心国军队。

中士一道逃亡。许多指挥官在未接到弗雷德里希·保卢斯将军的第6集团军司令部命令的情况下，朝着斯大林格勒的大致方向，跨过顿河向东面德军控制的阵地溃退，他们发现自己被公路上混乱的交通所阻碍。赫尔曼·卡斯特尔中尉驱使着他的炮队向顿河前进，他惊异地注意到，逃向阵地的部队之间爆发了令人恶心的拳脚冲突。那天下午晚些时候，当卡斯特尔将要通过顿河上的一座桥梁时，一名坦克部队中尉出现在面前，并用枪命令他站到一旁；这名中尉敲着他的坦克，以示它有更高的特权。

延缓苏军进攻的微弱希望寄托在费迪南·海姆中将的第48坦克军身上。该军的核心是第22坦克师，但是它却是一支备受当时环境困扰的部队。第22师被部署在罗马尼亚人后面，没有得到燃料，坦克训练和测试无法进行，只好替坦克挖壕沟，并用干草覆盖在上面保护其不会受冻。现在，当坦克手们试图启动发动机时，他们发现只有不足一半的可以开动。躲藏在干草堆里和跑进闲置车辆中的老鼠，已经啃坏了供电线路的绝缘材料：点火装置、电池、塔炮、瞄准器都无法使用。有好几辆坦克当其驾驶员启动点火装置时因短路而起火。原有的104辆坦克，第22师最终只有42辆坦克能面对苏联人，可是当迅即投入战斗时，又有半数的坦克由于更多的机械故障和其他问题而瘫痪。

即使如此，当已消耗殆尽的第22师于11月19日遭遇苏军前锋部队时，它仍然表现得非常英勇。短短几分钟里，就有 26 辆 T–34 型坦克被德军师坦克和"豹虎"式自行火炮击中燃烧。要是有坦克部队能掩护第 22 师的侧翼，苏军的突击看来将被迫停止，然而在他们的左翼和右翼只有已崩溃奔逃的罗马尼亚士兵和更多开过来的 T–34 型坦克，对海姆来说，很清楚自己将面临被包围和被歼灭，于是他中断了联络并转移到了奇尔河左岸以外地方。

这是一次明智的行动。然而，希特勒不仅没有赞赏其将军的良好判断力，反而将这个行为解释为一次懦弱的表现。海姆被剥夺了军权并被命令返回德国，他被送交由戈林主持的战地军事法庭审判并被投入监狱。

到现在为止，苏军已是不可抵挡。11 月 22 日，攻势开始仅 4 天时，第 50 坦克军已经攻到克萨河岸边，此处距他们出发地有 60 英里，而距位于卡拉奇并横跨顿河为德军主力补给路线的桥梁仅 25 英里。同天下午，这座大桥在一个相当荒谬的情况下完好无损地落入苏军手中。

此前，一个排的德军工兵已待命将这座桥炸毁。当时德军在卡拉奇建立了一座训练营，使用缴获的苏军坦克进行射击训练，而桥上的工兵却将开来的苏军坦克和运兵车误认为该训练营的。在一名中士用望远镜发现并大叫"这些该死的坦克是苏联人的！"之前，5 辆坦克已经攻上了桥头。德军一门 88 毫米火炮开火并击中了 2 辆坦克。但是一切都太晚了。T–34 型坦克纵队仍在前进，与此同时 60 名苏军从运兵车里跳下来，并击毙了大量的工兵。不多久，25 辆苏军坦克就在顿河东岸建立起一个桥头堡。

往常，德军会向天空仰望，寻求航空兵的俯冲轰炸机支援。但是 1942 年 11 月末的德国空军力量已被分散得几近孱弱。正在升温的北非战事需要从东部前线调走 400 架前沿作战飞机，使其力量减弱了 30%。根据武装部队最高统帅部的统计，在东线约 2000 架的各类飞机中，仅有 1120 架尚可投入作战。除了少数几个小范围地区之外，包括斯大林格勒在内的制空权开始转向苏军方面。

因此，当苏军向南发动其计划已久的钳形攻势时，德军已不对空军支援抱有希望。11 月 20 日，苏军第 51 和第 57 集团军在斯大林格勒前线总司令安德烈·叶廖缅科将军的指挥下，从该城以南的萨尔帕湖区向德军突出部阵地猛插过去。再一次地，罗马尼亚人又土崩瓦解了，就像是在喷灯前的积雪很快融化一样。与此同时，一支坚守阵地的德军装甲部队开始阻击苏军的进攻。汉斯·乔治·雷塞尔将军指挥的第 29 摩托化步兵师于 11 月 20 日早上在炮火声中向前冲锋，其坦克第 3 和第 4 集群的 55 辆坦克从浓浓的尘雾中冲出，发现正前方 400 码的射程处有苏联的第 8 机械化军的 90 辆坦克。立时，第 29 师的坦克关上舱盖并向苏军坦克开火，而苏军不习惯——或者说不擅长——突发的遭遇战。十多辆 T-34 型坦克被击中并燃烧起来，同时其他的坦克乱作一团。德军师的炮兵营随即炸毁了一辆运送着苏军步兵的列车。

11月23日，苏军部队指挥官们在斯大林格勒以西40英里处的索维茨基会师后相互拥抱。在4天时间里，为重夺斯大林格勒，他们一次成功的钳形攻势合围了20个德国师和2个罗马尼亚师。

苏军第57集团军的突围被粉碎。德军第29师在埃尔文·雅内克中将的第4军其他部队的协同下，快速转向并准备痛击仍在前进的苏军第51集团军。但是，在他们开始运动前，一份命令从远在西面的B集团军群司令部发来，要求终止任何的突击并坚守防御阵地，组成一道防线以掩护在斯大林格勒周围的第6集团军部队。这样一来，阻止苏军从南面攻击的最后一线希望就破灭了。而苏联人没有向斯大林格勒前进，而是直指更深远的西方，企图同自北面向卡拉奇突进的苏联军队会师合围。

11月23日凌晨4点钟，天空被绿色照明弹照得通亮，此时两路苏军在卡拉奇东南约12英里处的索维茨基附近会合，包围了保卢斯的第6集团军加上霍特的第4坦

克集团军的大批部队，这两支有 22 个师大约 25 万人的部队都拥挤在一块大概有 30 英里长、20 英里宽的袋形阵地里。在军事史上，这是最大的包围战之一，它使人回想起 1941 年巴巴罗萨行动开始后的第一个月德军在基辅和布良斯克发动的巨大的包围战。更进一步而言，这个"斯大林格勒大熔炉"的创造，标志着东部前线上战争命运的转变。从今以后，在苏联的德军装甲部队将主要转入防御作战，更多地为了生存而非胜利而战斗。

从一开始，无论对保卢斯，还是对 B 集团军群首脑马克西米利安·冯·韦希将军以及大多数下级军官而言，第 6 集团军的危险就是显而易见的。早在 11 月 21 日，

在一个寒冷的德军航空兵基地里，此处距在斯大林格勒被围困的阵地仅需飞行 50 分钟，两名德军机械师（上图）正检查着半悬空的木板屋，这是为了保护容克 52 型运输机双翼上的发动机不受严寒的侵袭。

当北侧和南侧的苏军铁钳很显然无法被阻击住的时候，韦希就曾电告在东普鲁士拉斯滕堡希特勒的司令部，促请放弃斯大林格勒，并将第6集团军向西南撤退100英里至顿河下游和奇尔河的新阵地。在回复中，司令部发回了一份"元首手令"，即最高统帅希特勒的命令："尽管有被暂时包围的危险，但第6集团军必须坚守其阵地，关于空军支援的特别命令将会随后下达。"

但是向被围困的集团军空运补给的前景看来是不可能的。当德军航空兵运输部队司令官马丁·费比希中将听到这一计划时，他给他的长官沃尔夫冈·冯·里希特霍芬将军打电话，后者随即也给航空兵总参谋长汉

在斯大林格勒大熔炉的西线，德军航空兵的地勤人员正在大雪覆盖的跑道上一点点推动一架容克52型飞机。在向斯大林格勒绝望的空中运输中，德国空军损失了490架运输机，它的750架容克52型飞机损失近半数。

斯·耶顺内克去了电话，"你们应当停下来，"里希特霍芬大声说道，"在这样糟糕的天气里，我们不能希望从空中给一个 25 万人的集团军输送补给。这完全就是在痴人说梦！"

第二天晚上 7 点钟，保卢斯将军在突出部中央的古姆拉克的司令部，向 B 集团军群发出一份紧急电报，要求转发给元首：他几乎已耗尽了燃料。武器弹药也快消耗殆尽了。人员也仅有 6 天的口粮。"请求授权处理行动，"保卢斯恳求道，"形势所迫，可能要放弃斯大林格勒和北方的战线。"三小时后，保卢斯从阿道夫·希特勒那里收到了一份含糊其辞的答复："第 6 集团军必须知道我正在全力支援和试图解救你们。我将在适当时机签署我的命令。"

形势变得更糟糕时就会有更多的争吵接踵而至，保卢斯对行动自由权的迫切需要不断增长，而希特勒对他的要求不予理会，继续要求第 6 集团军待在原地不动。此后，11 月 23 日夜间，发生了一些事情激怒了希特勒并彻底让他下定了决心。保卢斯手下的军官们在内部就撤退发生了争执，第 94 步兵师的指挥官沃尔特·冯·塞德利茨·库兹巴赫决定将这一问题交于自己掌握。他推测了如果他开始自行撤退的话，那么整个集团军将跟随其后，并且将迫使保卢斯下令从这个"大熔炉"中撤退出来。

第 94 师的给养和弹药仓库被点燃，燃料库发生了爆炸，同时秘密文件被烧毁；高级军官们脱掉了他们有红

冬季生存的
新衣着

　　看到身着破旧夏装的德
国士兵在1941-1942年的苏
联冬季里冻到全身僵硬，德
国国防军的决策者们在冬季
尚未结束前就已下令大批量
生产冬季服装。新设计的服
装包括一整套穿在标准缝制
制服外面的衣服，还有为特
殊任务制作的服装。

　　当士兵们很显然将在苏
联度过第二个冬天之时，德
国陆军在位于波兰和苏联
境内的军需仓库里储备
了大批的防寒被服。
截止到冬季来临之时，
大多数前线部队已经
接收到足够的物资。

　　一名经历过第一个冬
季并返回前线的老兵回忆起
他在部队训练时停下来穿冬
季服装的情景："穿上这些
厚厚的衣服，我们感到臃肿
而笨拙，再也不知道该如何
背负我们的装备。这实在有
点好过了头，但是，总的来
讲，我们的士兵还是像孩子
般快活地穿上了这些厚实衣
服。每一辆行李车很快就装
满了'圣诞老人'。"在他
打趣般的描述背后，残酷的
现实是：这种古怪的服装是
生存的关键。

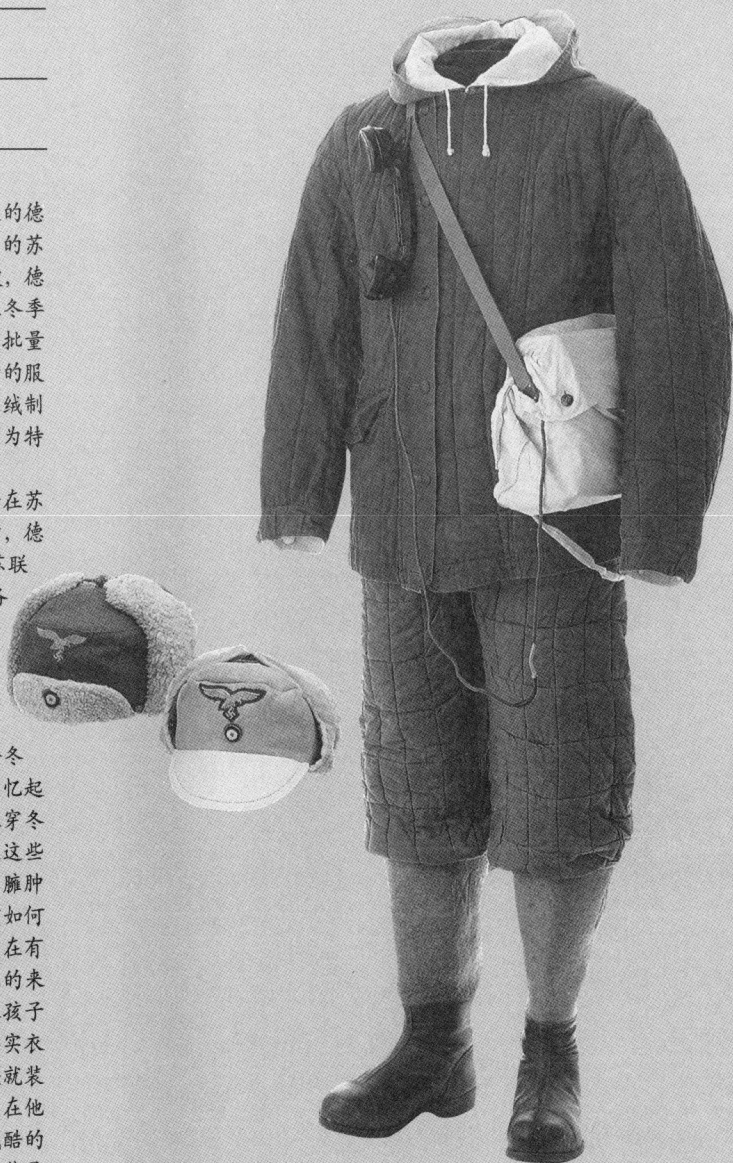

　　德国空军高射炮部队和陆军师的人员被配发了沉重的
被状的套装，以及多种苏联式的羊毛翻边的帽子。毛毡和
皮革制的靴子下发给各武装部队。雪白的装备外套掩盖了
各种装备，此幅图中的是一部野战电话。

军队基本冬季外装有三层：单层外装、羊绒衬里、衬垫。每一种款式都可以防风、防水，并且可以从军事伪装（见左图）转换成雪白的颜色（见下页）。这种服装的两面都有衣袋，带翻盖的口袋，还有可拉伸的衣绳带。装备还包括可改变颜色的钢盔外罩。

军队条例规定部队在雪地条件下作战时，就在他们的白色冬季服装上佩戴彩色的袖标以区别敌我。这种白色或伪装色的冬季着装配有带垫层的手套以及可以拆装穿在钢盔下面的围脖（图上端）。

小型的个人用火炉在前线提供了舒适。这种普赖默斯便携式燃油炉（见左图）被用来加热食物和饮水，而带支架的煤油炉（图左侧远端）可以解冻，并为地下掩体里带来温暖。这些炉子在零度以下的苏联冬季是如此重要，以至于士兵的个人装备中还包括了修理工具和更换的零件（图左侧前部）。

驾驶员、哨兵以及其他需要长时间顶着苏联的严酷寒冷待在户外的人员，首当其冲地面临冻疮和体温过低的威胁。配发给这些人员有特别的羊毛衬里的绒毛大衣，还有外观笨重的长筒靴子，靴子有着3英寸厚的隔温的木制靴底。一些长靴则干脆整个由木制材料和干麦草制成。

条纹的军裤，并套上了普通的服装。随即该师丢弃其阵地，而燃烧的火焰引起了苏联人的警惕，他们紧随德军之后，高喊着"乌拉！乌拉！乌拉！"（即俄语"万岁"之意——译者注）成百上千撤退的士兵遭受打击。塞德利茨·库兹巴赫预期的大批撤退再也不会发生了。其他的部队仍坚守着他们的阵地。这无疑是一场溃退，但是这名将军仍十分顽固，坚持认为，无论会导致多大的损失，他的大规模撤退策略都是唯一的正确选择。难以置信的是，保卢斯竟然没有解除他的指挥权。当消息传到拉斯滕堡时，希特勒暴跳如雷，责备保卢斯不遵守命令，他在 11 月 24 日上午 8 时 30 分火速发出了另一份元首手令："第 6 集团军将采取环形筑垒的防御体系，不惜一切代价坚守现有的伏尔加和北部的前线。补给将通过空运进行。"

仍遗留的亟待解决的问题是如何进行空中运输。据说，在拉斯滕堡司令部，戈林个人向希特勒再三保证空中运输的可行性，当时总参谋长库尔特·蔡茨勒也在场，他当即表示强烈反对。"我的元首，"戈林以汇报的口吻说道，"我声明帝国空军将向第 6 集团军进行空中补给。"另有说法是，参谋长汉斯·耶顺内克将军转达了他上司戈林的许诺，但是也强调了空运时机场的安全条件和可允许飞行的天气。

不管怎样，在如此困难重重的条件下，成功的空运很明显是不可能的。那里有 25 万人急需食物，1800 门火炮需要弹药，1 万辆机动车辆急需燃料。达到这个要求将需要一支由 1000 架三引擎的"容克"52 型运输机组成的空军，每架飞机要装上 2000 磅的货物。但是德国航空兵运输空军里仅有 750 架"容克"52 型飞机，而且它们中有几百架被分派到非洲和其他地区。此外，斯大林格勒阵地上的 7 座飞机场中，有 6 座仅是简易机场；仅有 1 座位于皮托尼克的主要机场拥有夜间起降用的灯光设备。更糟糕的是，红军的空军部队已经在斯大林格勒地区集中了超过 1000 架的战斗机，对笨拙的运输机而言这是致命的威胁。况且还有天气的因素。

空运行动于 11 月 25 日开始。行动在费比希将军指挥下，他焦虑地注视着从德意志帝国遥远边陲飞来的这些"容克"52 型飞机，在顿河西岸的塔特辛斯卡亚和莫罗佐夫斯克的两座空军轰炸机基地装载上物资，并轰然

在 1942 年 12 月 12 日企图突破苏军的环城包围圈之前不久，第 4 坦克集团军的豹 IV 型坦克同支援车辆一起汇集在斯大林格勒西南微微起伏的大平原上。这些坦克配装有被称作"冬季链条"的履带附件，它被设计用来在雪地和泥泞中提高牵引力。

一次失败的解救企图

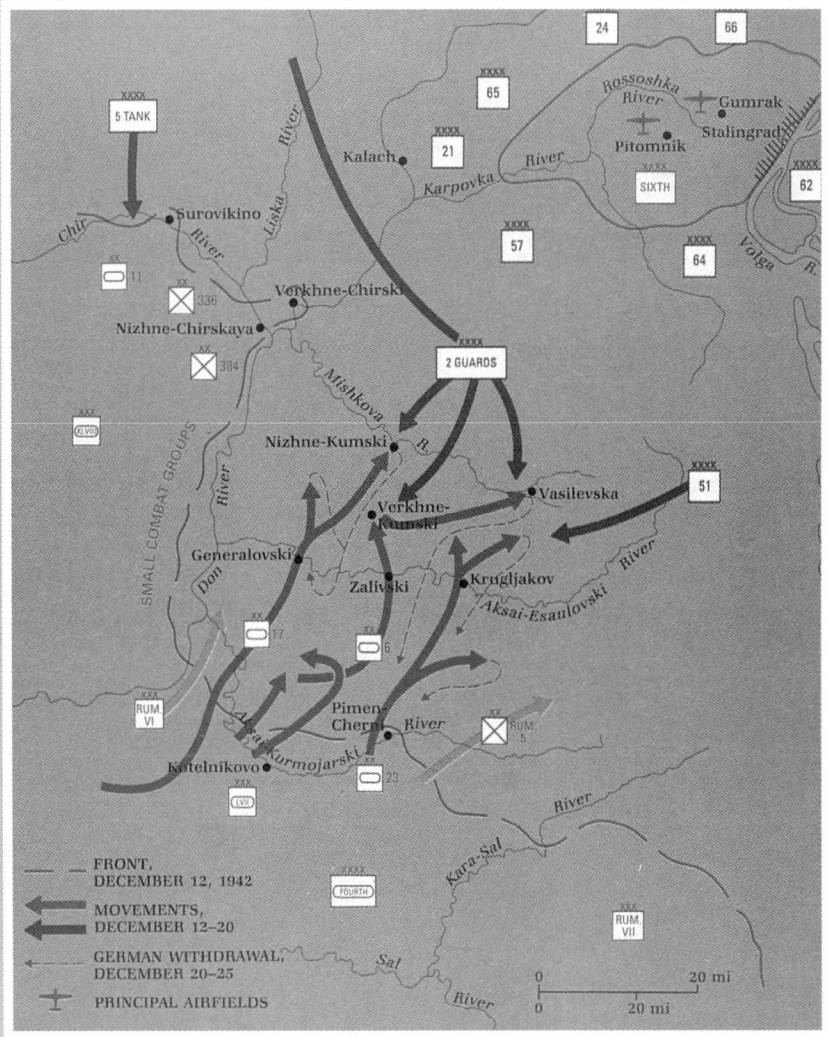

FRONT,
DECEMBER 12, 1942

MOVEMENTS,
DECEMBER 12-20

GERMAN WITHDRAWAL,
DECEMBER 20-25

PRINCIPAL AIRFIELDS

在第6集团军被包围的情况下，德军将他们生存的希望寄托在空中运输上，同时也寄托在与之相配合的第57坦克军的解救作战上，该军由第6和第23两个新编的坦克师组成。这次代号为"冬季雪暴行动"的攻势于12月12日开始发动，并在一开始就取得了进展。但是一渡过阿克塞－埃索洛夫斯基河，两个师在沟壑纵横的地形里陷入困境的同时，还遭到苏联人更猛烈的抵抗。在伤亡不断增加的一周后，尽管还有第17坦克师的加入，这支解围部队也仅进抵米什科瓦河。此时，苏军的另一个包围圈正在形成，距离被围困的绝望战友仅剩35英里的解围部队被迫折回。

151

为从军而生
的指挥官

埃里希·冯·曼施坦因，是希特勒在苏联战场上的中流砥柱，以早年就投入部队服役而著称。他是普鲁士炮兵将军爱德华·冯·莱文斯基的第10个孩子，这个老牌的贵族家庭，在20世纪里曾出过7位将军。埃里希被过继给一位未生养的姑姑后，沿用了她丈夫乔治·冯·曼施坦因的姓氏，同样地该家族也拥有一大批军官成员。

继承了这一军事传统，曼施坦因在12岁进入了皇家普鲁士学员军，逐渐成长为一名聪明的学生和有勇气说出其思想的独立的思考者。在第一次世界大战中负重伤后，曼施坦因继而进入德国最高统帅部，并随后策划了1940年对法国的"闪电战"。他的部队都知晓他是一位公正而宽容的指挥官且愿意在前线领兵作战。他的同事、朋友乃至敌人都把他看作是战争中德军最伟大的战略家。

两岁的曼施坦因据称是一个柔弱的孩子，在照片里他和养母及她收养的女儿在一起（见上图）。作为一名皇家普鲁士学员军的模范青年士兵，他和他的父亲爱德华·冯·莱文斯基（穿平民服装者）和穿着制服的叔叔们在一起留影。1906年的曼施坦因（插图靠右侧者）加入了帝国军队第3近卫步兵团，他那著名的叔叔保罗·兴登堡也在该团服役过。在1922年拍摄的照片中是曼施坦因、他的妻子尤塔·西贝丽以及女儿吉塞拉。

地飞向高空。它们只飞进飞出了 2 天时间之后，一场暴雪关闭了机场。费比希计算了一下，仅有可怜的 130 吨物资被运到，这离每天 500 吨的绝对最低的需求量还差得远呢。"我们尽力地飞行，但是这根本不可能，"他在日记中写道，"在塔特辛斯卡亚，暴雪一场接着一场，局势已无可挽回。"

慢慢地空运有所进展，但很微弱。11 月 30 日，费比希在他的空军里增加了 40 架"亨克尔"111 型轰炸机，每架装载量为 1000 磅。皮托尼克机场的一个无线电信号塔协助飞行员们穿过迷雾和暴雪降落到地面。地勤人员工作越来越有效率，他们能快速地排出返回的飞机不需要的燃料，并且将其输送到第 6 集团军。返回的运输机通常运回负伤的德军人员。但是苏军战斗机却敲响了可怕的丧钟。11 月 29 日，费比希派出了 38 架"容克"52 型飞机和 21 架"亨克尔"111 型飞机；仅有 12 架"容克"机和 13 架"亨克尔"飞机飞进这个孤立的阵地中。第二天，39 架"容克"式和 38 架"亨克尔"式飞机中，分别只有 30 架和 36 架成功着陆。

截止到 12 月的第一个周末，保卢斯和他那被围困的集团军认识到空运将无法保证他们的生存。平均每天只有大约 85 吨物资送到，还不足所需的 20%。12 月 8 日，所有部队的口粮被减少到正常量的 1/3。士兵开始陆续因饥饿而病倒，甚至有少数人饿死了，这预示着最糟糕的时刻将要来临。

同时对斯大林格勒的争夺战仍在包围圈内继续着。在相对平静的日子里，双方的狙击手们瞄准并击中那些粗心大意的目标，相互间也在决斗着。然而平静的日子不多了。在前沿南面的一天早晨，第297师的阿尔伯特·普弗吕格尔中士在一阵苏军炮火轰击后，随即注视到3辆T-34型坦克正穿过烟幕开进这里。普弗吕格尔使用75毫米反坦克炮射穿了其中一辆的炮塔，击中另一辆的顶部并干掉了它，还击中第三辆的车底盘让它动弹不得。又有更多的坦克出现在面前，而普弗吕格尔只打了15发炮弹就干掉了它们，他的长官唯一责怪他的就是消耗了太多的弹药。在北面，胡贝特·威尔克纳中士和第44师抵挡住了一个500人军团的进攻，然后实施反突击重新从苏军手中夺回一个阵地，该阵地在被苏军攻占之前一直由奥地利部队坚守。威尔克纳发现奥地利人都躺在雪地里，身上的衣服被脱光，所有人都被击毙了。

在"大熔炉"的东面，尤金·雷滕迈耶尔少校的生存空间仅围绕三座内部已损坏的建筑，它们是人民委员会大楼、78号楼以及83号楼。德军白天控制着这些废墟，但苏联人却在夜间向这里扔手榴弹，在早晨便可见到尸体在楼梯上、房间里和地下室里到处横着。雷滕迈耶尔的士兵们为一间房间就要苦战两天，进入这些屋子的德军中大多数人再也没有走出来。最后，这位少校不得不放弃了83号楼，但是他的来自德国施瓦本阿尔卑斯山区的部队依然坚守着其他两栋建筑，雷滕迈耶尔称自己的部队一身"牛脾气"，他们为此而自豪。

思想顽固不化，具有旺盛的勇气，还有盲目的服从，对国防军绝对的信念以及对阿道夫·希特勒的崇拜，所有这些，使得在斯大林格勒被围困的部队仍保持如此高昂的士气。在他们的信件中，邮件检查官注意到，这些官兵认为他们的元首决不会让他们失败。"不要接受任何错误的想法，"一名士兵在家信中写道，"胜利者只能是德国。""在斯大林格勒我们处于极其困难的境地中，但是我们不会放弃，"另一名士兵道，"我们将坚持下去。"在 11 月末，官兵们重新充满了新的希望。消息在被围困的第 6 集团军里到处传开："曼施坦因来了！曼施坦因来了！"

埃里希·冯·曼施坦因是一位让士兵们可以依赖的陆军元帅。他高大，银白色的头发，鹰钩鼻子。他曾是席卷法国的令人震惊的"闪电战"的首要缔造者，还曾以相当的才干征服克里米亚和它的明珠塞瓦斯托波尔。如果阿道夫·希特勒敬佩过别人的话，那曼施坦因肯定算得上他敬佩的为数不多的几个将军之一。希特勒命令曼施坦因从列宁格勒前线向南前往指挥新近成立的顿河集团军群，并策划在斯大林格勒的解围作战。曼施坦因立即想出了一个大胆的计划：派出一支有很强战斗力的纵队切断在第 6 集团军周围的封锁线从而冲破包围。食物、燃料和弹药将通过这个狭长通道快速运入包围圈。然后，如果运气好的话，还得有元首批准，第 6

集团军也可经由这条通道杀出重围。甚至在 11 月 27 日到达其设于新切尔卡斯克的新司令部之前，曼施坦因就向保卢斯发出一份令人振奋的无线电报。"我们将尽一切努力解救你们，"曼施坦因承诺说，保卢斯必须坚守他的阵地并且也要"动用可使用的部队尽可能快地杀开血路，打通向西南方向的补给通道"。

一到新切尔卡斯克，曼施坦因就命令一支 800 辆卡车的车队装载上 3000 吨燃料和其他给养，跟随着坦克部队进入这块袋形阵地。这次闪电突击被称为"冬季雪暴行动"，按制定的计划就是从科特尔尼科沃城沿着铁路线指向斯大林格勒。速度是至关重要的，顿河集团军群必须抢在苏军对阵地加强封锁之前发起攻势。

然而，曼施坦因很快就发现他指挥的部队缺乏实际的战斗力。其中实力最强一支就是被围困的第 6 集团军。其余的用曼施坦因话来说，"只剩下残兵了。"有一支由卡尔·霍利特中将指挥的军级作战集群位于西北方向，协同作战的有逃避了攻击的罗马尼亚军队。但是他们的任务是防备苏联人从北面发动进攻。在南面，霍特的第 4 坦克军的大部分部队被包围在这个阵地里，他仅能够调集两支兵员不足的装甲部队，即第 48 和第 57 坦克军。

曼施坦因急需生力军，而武装部队最高统帅部答复将给他派遣德国军队的精兵。第一批达到南面的部队是赫尔曼·巴尔克将军统率的第 11 坦克师。这位将军粗鲁，精力充沛，富有想象力，而对部下却很冷酷无情。"我们很幸运，"他事后写道，"所有神经不能承受这次考验的指挥官都被经过考验的人替代了。"巴尔克的师可能是整个东部前线最出色的，这一点很快就被证明了。

在12月7日向北推进时，该师正接近被围阵地西南方50英里处的第79号国家农场，此时迎头遇到了一支苏军坦克纵队。双方部队相互交火直至黄昏，这时候苏联人趁着夜色向前突进。不愧是巴尔克，他将工兵和一些88毫米火炮留下来向苏军佯攻，本人则率领第11坦克师摆成长长的弧形阵势，在苏军来路的两侧埋伏下来。在那里，拂晓的第一道光线刚显现，他的人马能够看到一条长长的苏军给养运输队沿着南面的公路首尾相接地驶向这边。正如他满怀信心地预料的那样，巴尔克发现了正在向南面伸展的苏军前进部队的主力。

待到时机成熟，第11坦克师才从苏军纵队的两侧冲下来，用机关枪密集的火力猛扫那些卡车和部队，在坦克和他们的攻击对象之间仅隔20码的距离。德军坦克完全摧毁了这支运输队。巴尔克命令他的炮手们不要使用大炮，稍后还有机会。而这一切就那么发生了。

在向南面快速推进后，第11坦克师回到了那个国家农场，刚好此时苏军正与巴尔克留下来的小规模的牵制部队交战。苏军坦克正飞快地转动履带时，德军坦克从其背后发动了攻击。战斗持续了大半天，最后，53辆T-34型坦克被击毁，而第11师没受到什么损失。

巴尔克的师随即转向消灭顿河西岸的一个苏军桥头堡，并在随后几个星期里像一支"火线部队"般作战，确保了德军中路的安全，同时为曼施坦因争取了时间，直到他能够向斯大林格勒调动他的解围部队。

与此同时，另一支出色的装甲部队经过艰苦的长途跋涉从法国赶来。这是艾哈德·劳斯将军的第6坦克师，为战斗早已整装待发。之后可能还会有更多的部队到达，但是曼施坦因已不能再等，霍特将以他现有的部队发动攻击。

12月12日凌晨5时15分，霍特的第57坦克师开火并发动了230辆坦克，每辆坦克都漆成白色的雪地伪装。在劳斯的第6坦克师带领下，该纵队向东北方向突击，直扑60英里外的被围阵地的南部前沿。因为担心补给会成为一个严重的问题，每辆坦克都装载了足够的燃油并为其大炮最大限度地装载了200发炮弹。

最初，德军坦克官兵对没有什么抵抗而困惑不已。在这些地方，苏军似乎完全消失了。他们更担忧的是结冰的地形和被称为"巴尔卡斯"天然壕沟，壕沟两侧是如此陡峭和光滑，以至于坦克履带带轨装上防滑尖铁后也很难爬上来。工兵部队花了5个小时才能保障一个连的坦克穿过一道沟壑。该师头两天只前进了20英里。而到12月14日，苏军的抵抗开始加强。

苏联部队躲在"巴尔卡斯"壕沟里，不断冲出来扰乱德军的前进，同时苏军增援部队正从东北方向聚集过

来。在斯大林格勒重围40英里外的维尔赫内－库姆斯基城外，第6坦克师突然遇到约400辆T-34型坦克，这些家伙鬼使神差地也像他们自己的坦克一样被喷成了白颜色。霍斯特·舍贝特中尉起先想知道他是否遇上了德军第23坦克师的分队，该师应正在齐头并进策应第6师。但是正在接近的坦克的炮管似乎比"豹"Ⅲ型和"豹"Ⅳ型坦克的炮管要短一些，他仍然不敢断定两队坦克已靠近到300码。此时，T-34型坦克率先开火——但没击中德军。"开火！是苏联人！"舍贝特尖声叫道。领头的两辆T-34型立即腾起了烈焰，在快速重新装填后，德军炮手们将炮弹倾盆大雨般猛砸到混乱的苏军中去，直到浓浓的黑烟柱升起标志着32辆苏军坦克被击毁为止。

在其补给车辆前面较远处排列成纵队，第11坦克团的豹Ⅳ型坦克和半履带装甲车穿过斯大林格勒前沿外围维尔赫内－库姆斯基附近的战场发动进攻。德军在他们的坦克里装载了足够的燃油和超过攻击正常量两倍的弹药。

在苏军脱离战斗并向北撤退之前，坦克战持续了3天之久。12月20日，在第三个师即第17坦克师加入后，德军纵队在通往米什科瓦河的道路上浴血奋战，并在瓦西列夫斯卡远处建立起桥头堡。斯大林格勒被围阵地和等待解围的第6集团军就在离此地的35英里处。但这已是解救者们能够到达的最远的距离了。到现在为止，苏军的增援部队产生一定的效果，致使越来越多的德军陷于停顿之中。

第17坦克师只剩下23辆坦克，而其步兵团也损失了大批的军官，以至于该团现在由一名中尉来指挥。燃料同食物和饮水一样极度短缺。负伤的人员躺在雪地里，一部分人在零度以下的严寒中被冻死。"我们残弱的部队，"一份早晨的团级报告称，"已经没有能力拓

一名胳膊几乎冻硬的苏联士兵死在被第6坦克师摧毁的反坦克炮兵阵地上。在接近斯大林格勒时，德军面临他们从未遇到过的苏军极为顽强的抵抗，直到最后在距其目标仅35英里的地方他们被迫放弃。

宽这个桥头阵地了"。

曼斯坦因一直竭力主张打开补给通道只能靠保卢斯自己召集一支进攻部队向外围冲击，同霍特的坦克部队在米什科瓦会合。但是就是这样的努力也很快变得不可能。到 12 月 19 日为止，保卢斯在他的整个第 6 集团军里找寻出仅有 100 辆可用的坦克，他的参谋长亚瑟·施密特少将统计出该集团军连向前冲击 20 英里的燃油都不够，这个距离比与霍特部队会师所要达到的距离一半还少。"同时也要注意到，"施密特在写给曼施坦因司令部的通报中注明，"从目前人员的物质条件来看，长途行军和大规模进攻将非常困难。"

施密特悲观的评估报告很快就送达希特勒在东普鲁士拉斯滕堡的统帅部。蔡茨勒将军曾多次恳请元首允许保卢斯和第 6 集团军放弃斯大林格勒并试图突围。蔡茨勒为被围官兵们的困境所深深触动，甚至在用餐时他明显地开始将自己的口粮限制到他们减少到的数量，在几天的节食中体重大为减轻，直到恼怒的希特勒命令他恢复正常的饮食为止。当施密特的报告放在希特勒的办公桌上，蔡茨勒再无力争辩。"保卢斯不能突围，你又不是不知道这些。"希特勒恼怒地说。

不过，曼施坦因继续敦促保卢斯和希特勒，争辩他认为必须尝试突围，因为突围是唯一的出路，这样第 6 集团军或许还能有部分幸存。答复仍然是否定的。保卢斯声称他的部队损失惨重，并且燃料过于短缺以至于无法采取任何行动。曼施坦因曾一度派遣他的情报主任艾斯曼少校，在古姆拉克的司令部劝说保卢斯和施密特。但是这两位将军拒绝听从。"第6集团军仍将坚守到复活节，"施密特说，"你们所有人要做的就是更好地提供补给。"

在这件事上，保卢斯的参谋长所传达的其实是元首的指令。希特勒继续要求第6集团军无论如何也要守在斯大林格勒，撤退将损害"这场战役的整个意义"，他坚持这一点。于是，希特勒和保卢斯彼此之间不断打气，灭绝了可以解救第6集团军的所有希望。独裁者和将军联手制造了这一场悲剧，第6集团军将在一个难以想象的痛苦场景中谢幕。

当斯大林格勒包围圈中的部队等待他们的命运时，另一支苏军突击队自北面猛烈地攻击过来。在经过的通路上碰到的是不走运的意大利第8集团军，它负责坚守斯大林格勒西北大约200英里处的顿河中游方向。

一开始，斯大林和他的将军们就为迅速孤立包围第6集团军而惊讶和喜悦。现在他们准备发动一个更大胆的包围攻势。这是一次远到西面的重大的突击行动，目的是亚速海附近罗斯托夫的干线公路和铁路枢纽。他们计划不仅要分割并歼灭顿河集团军群和B集团军群，而且更为重要的是，要合围并消灭埃瓦尔德·冯·克莱斯特将军的A集团军群，该部已经深入到高加索腹地。若此包围成功，将把超过100万的德军送到红军的手掌心里，赢得战争很可能就在此一举。

4 个苏军集团军共有 425476 人和 1030 辆坦克，进攻的声势浩大。这些部队中打头阵的于 12 月 16 日从顿河的桥头堡阵地攻击，并击溃了意大利人。有一些部队进行了英勇抵抗，但是大多数的师几乎很快就被打散了。像先前的罗马尼亚人一样，意大利军队惊恐万状，小规模失去编制的集群以他们尽可能快的速度踏过深深的积雪逃窜。许多人饥饿不堪，绝望不已，在雪堆上被活活地冻死。据一名意大利军队的幸存者回忆，当时在公路两侧，可以见到这样奇怪的场景，人体和雪与冰冻结在一起就像大理石雕像，姿势一动不动。较大的一支意大利人分队被苏联人包围在四周全是高地的山谷里，他们遭受苏军部队猛烈的攻击。一些意大利士兵发起了自杀式冲锋，有些则举起了手枪自我了结。

到 12 月 23 日晚间为止，苏军第 24 坦克军的先头部队已到达距其出发线以南 150 英里的地方，并且逼近了位于斯大林格勒以西 125 英里处塔特辛斯卡亚的一座大型的德军飞机场和补给中心。所有进出斯大林格勒运输补给物资和人员的飞机都必须经停塔特辛斯卡亚和莫罗佐夫斯克的机场。该空军基地停满了"容克"52 型运输机。现在苏军将要把斯大林格勒能够得到的一点点支援都封锁得死死的。

12 月 24 日拂晓，炮弹开始落在塔特辛斯卡亚的跑道上。在指挥控制塔里的费比希将军眼睁睁看着 2 架"容克"52 型飞机爆炸。飞机开始根据指令疏散，一对"容克"

　　被苏军击败后，意大利第8集团军成百上千的精疲力竭的步兵向后方艰苦地跋涉着。顿河两岸前沿的意大利军在红军于12月16日发动攻击后不久就崩溃了，这样一来，曼施坦因的顿河集团军群与克莱斯特的A集团军群都陷入困境之中。

飞机在机场中央相撞起火，其他的则被"剪"去了机翼和机尾。当几十架"容克"飞机奋力飞向空中的时候，苏军的 T−34 型坦克出现在跑道上，有些飞机几乎擦到了坦克的炮塔。最后，当一辆 T−34 型坦克向指挥塔开炮时，费比希的助手说："将军阁下，赶快走吧。"但是费比希在登上他自己的飞机并逃向罗斯托夫之前，呆呆地站立了几分钟之久。不久，整个机场陷落。在塔特辛斯卡亚的 180 架飞机中，有 124 架安全脱逃，56 架被击毁。

深知最后灾难潜在的埃里希·冯·曼施坦因决定将他最强的部队第 6 坦克师，从其在米什科瓦的桥头阵地调出来，向西方推进去阻击苏军的进攻。这意味着斯大林格勒解围行动的终结。这个决定让每一个人感到伤心不已。当第 6 坦克师将要出征时，一名军官笔直地站在他的"豹"Ⅳ型坦克的炮塔前，面向着斯大林格勒方向，干净利落地敬了个最佳的军礼。他随即便转身并驾车离去。保卢斯和他命运已定的集团军将留在每个德国人的心中。但眼下面临的问题是东方这些军团该如何逃生。

曼施坦因在冷静评估了形势之后，提出必须重新夺回塔特辛斯卡亚。这个地方仅距罗斯托夫 80 英里，这里的苏军坦克部队仅需 3 天就能进抵罗斯托夫——罗斯托夫自然是苏联人的下一个目标。然而占有五对一绝对人数优势的苏军抵挡不过劳斯的第 6 坦克师和巴尔克的第 11 坦克师的火炮口径优势。

正当苏联人在肃清塔特辛斯卡亚地区时，令苏军望而生畏的劳斯派出一支装甲分队在零下温度的天气里向北进攻，直插苏军第 24 坦克军的后方。在接下来的几天里，第 6 坦克师牢牢地钳制住了苏军的通讯和补给线。与此同时，第 11 坦克师和友邻部队迎头粉碎了苏联人。只要落入这些"猎豹"的铁钳中，苏军就没有任何逃脱机会。截止到 12 月 28 日，苏军第 24 坦克军已丧失实际战斗能力。

几天后，又有第二支苏军坦克军，即第 25 军，在一条叫作比斯特拉亚的支系河流处遭遇了第 6 坦克师，并且同样地被歼灭。在一次激烈残酷的夜间战斗中，苏军企图利用其坚固的 T-34 型坦克来冲撞德军的"豹"Ⅳ型坦克。但是德军坦克非常灵活，驾驶员驾驶很娴熟，炮手们射击异常准确。当苏军企图撤退时，陷入了德军埋伏中。到天亮为止，德军几乎干掉了苏军 90 辆坦克，而自己仅有 23 辆战车遭到破坏，其中大多数又被该师维修人员修好依次送回了战场。

曼施坦因前线的这些超乎寻常的战斗从北面暂时解除了罗斯托夫的危机。但是当两个全员的苏军集团军从科特尔尼科沃向西朝罗斯托夫突击时，新的更糟糕的威胁已隐约浮现。在这里，曼施坦因此时所能部署的就是霍特的第 4 坦克集团军的残余部队了，到此刻该军坦克已减少到区区 70 辆。

由于被包围的危险增大，希特勒直到 12 月底才最终授权克莱斯特的 A 集团军群撤离高加索。但撤离将是一个长时间的过程，该集团的主力装甲部队第 1 坦克集团军仍在罗斯托夫东南方 400 英里的特雷克河畔。当克莱斯特撤离时，曼施坦因、霍特以及其他的德军将领将不得不坚守罗斯托夫和它的姊妹城市巴泰斯克长达几个星期，那里均有横跨顿河下游的主要桥梁。

苏军的疲惫其结果导致德军的大联盟。苏军指挥官受到部队疲劳和补给问题的困扰。他们尽其所能，可却不能强推着那些疲倦的连续作战的部队以足够快的速度向罗斯托夫前进。1 月中旬，苏军前锋部队抵达罗斯托夫以东的马尼奇河畔，并且在将要发起最后进攻的地段建立起一长条桥头堡阵地，以便阻断德军逃跑的路线。直到此时，曼施坦因才给霍特增派进攻部队：巴尔克的第 11 坦克师已向该战线开过来，协同作战的还有第 16 摩托化步兵师，该师由施维林·克罗西克将军指挥，一直防御位于克莱斯特的 A 集团军群和在顿河的部队之间的缺口地带。

1 月 15 日，施维林·克罗西克的第 16 步兵师发动了第一次救援攻势。从一名被俘苏联军官身上搜到的文件中了解到，苏联人正计划从一个叫斯波尔尼的小村庄越过马尼奇河，施维林·克罗西克派遣一个坦克连和部分摩托化步兵沿着该河北岸推进。在几个小时里，这些部队从位于斯波尔尼的苏军中杀开血路，攻占了其背后的高地，并攻击了该村庄，击毁 2 辆 T-34 型坦克和 4 门反坦克炮。德军进而夺取斯波尔尼大桥并沿着南岸向

就在曼斯泰因新组建的顿河集团军群巩固了德军在斯大林格勒西部那破碎不堪的前线时，苏军又开始进攻了，并于 12 月 16 日沿着顿河上游击败意大利第 8 集团军。4 天时间里，在德军战线上撕开了一个长达 100 英里的缺口，同时苏军装甲部队正逼近莫罗佐夫斯克和塔特辛斯卡亚的飞机场，此处是为斯大林格勒运送补给的飞机基地。更糟糕的是，苏军很明显地直指罗斯托夫，该城若被攻占则将分割仍然横跨高加索山区展开的两个德军集团军。接下来的两个星期里，曼施坦因阻止了这一突破，但却丢失了飞机场。与此同时，另一路苏军前锋部队从东面压制了罗斯托夫，于 1 月中旬将第 4 坦克集团军赶回离该城不足 50 英里处。看来，奉命于年底撤出高加索的第 1 坦克集团军将被合围。但是在一系列精心策划的反突击中，德军成功地保证了逃脱线路畅通无阻，直到最后一辆坦克在罗斯托夫通过横跨顿河的桥梁。到 2 月份的第二个星期为止，顿河集团军群通过后撤至顿涅茨河后方而避免了灾难性的后果，然而在北面一个新的危机已经显现，在那里苏军击溃了匈牙利第 2 集团军并正向哈尔科夫进军。除了备受重压的库班桥头堡阵地之外，第 6 集团军已被歼灭，德军已然放弃了高加索。

向罗斯托夫进军

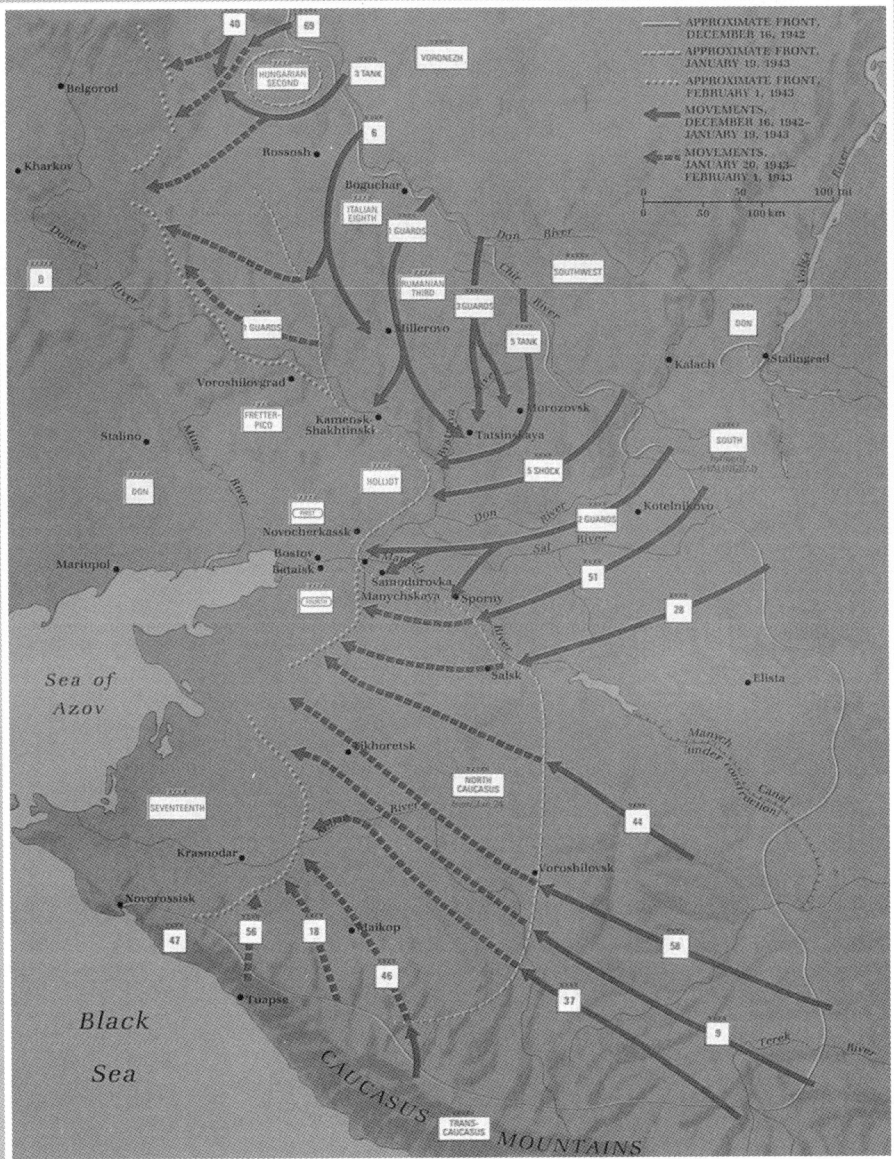

下游冲击，攻破另一个苏联人为其向罗斯托夫进攻而在萨莫杜罗夫卡建立的基地。

那一夜，克拉皮希中尉指挥一个德军营在萨莫杜罗夫卡独自坚守阵地，直到曼施坦因派遣巴尔克将军的第11坦克师阻击苏军的前进。由于他在行动中的表现，克拉皮希获得了一枚银橡叶骑士铁十字勋章。

巴尔克和施维林·克罗西克现在转而攻击在马内奇斯卡亚的主要苏军桥头堡，此处是马尼奇河流入顿河之地，距萨莫杜罗夫卡以西只几英里，而距罗斯托夫仅约25英里。在使苏军认为他们将在该城东北部分发动一次

1943 年 1 月，用一部野战望远镜引导火力（左图），在斯大林格勒的第 6 集团军部队将他们的一门 20 毫米口径高射炮对准了一个地面目标。在 11 月份德军攻占了斯大林格勒大部之后，苏军发动了一波波的反攻（见下图），德军再一次发觉自己陷于残酷的巷战之中。

前沿攻击之后，德军却从马内奇斯卡亚南部涌入，并从后面狠揍苏联防御者。在这次激烈的小规模战斗中，仅有 1 名德军被击毙和 14 人负伤。苏军损失包括了 20 辆坦克和超过 600 人死亡。德军依靠精妙的战术赢得了几场以少胜多的胜利，截止到 1 月末，苏军第 2 近卫集团军已仅剩下 29 辆坦克，苏联人后撤以便重新组织并进行再补给。高加索的大门仍然在罗斯托夫敞开着，第 1 坦克集团军经由这道门撤出多支纵队，一个月来，大概有 40 万人撤出高加索。最后一支队伍在克劳斯·居内中尉的带领下最后于 2 月 7 日夜间跨过了罗斯托夫大桥。

已没有希望在斯大林格勒进行同样的救援行动。圣诞节前夜，在地堡和掩体中的部队进行了短暂的几个小时庆祝。有不少人用他们能够找到的各种材料制作了圣诞树：一颗由木头雕刻而成的圣诞树被放在红十月钢铁厂的车库作为装饰；大多则以废金属为主干，装饰上树枝、从卫生站搜刮来的棉花团和用彩纸剪裁的星星。士兵们围作一团品尝为此刻小心俭省下来的一小片美味面包、葡萄酒、一点白兰地酒，掺和朗姆酒的茶水。每一个掩体里人们都在高唱《圣诞树》和《寂静之夜》。在夜色降临后，成千上万的照明弹射向天空，绿色的、红色的、白色的，就像焰火表演。

人们纷纷给妻子、儿女和双亲写信。充满不祥的预感同表达爱与信念一样洋溢于字里行间。"在过去几个星期里，我们所有人都开始认为，一切都要结束了。"

军需官卡尔·宾德尔向妻子坦承道。但是宾德尔因赞赏圣诞节的意义而受到鼓励。"它是一个充满爱、救赎和怜悯的节日，"他继续写道，"那将帮助我们度过痛苦的时光。""对我来说，不再会有什么发生了，"宾德尔总结道，"今天，上帝与我同在。"

圣诞节带来了客观现实最新的提示。第6集团军12月25日的战争日志记载道："有48小时未得到食物补给，食物和燃料几近枯竭。因为严寒，士兵的体力正在快速下降。"糟糕的天气和红军空军的干扰无法使飞机空运补给。保卢斯被迫再度减少口粮配给：午餐是只有大拇指厚度的一片两盎司的面包，还有一碗稀薄如水的汤，而晚餐如有可能就是一小罐头肉食，否则又是稀汤。"他们竟然坚持了如此之久，真的是不可思议。"保卢斯的助手之一温里希·贝尔上尉如此写道。

来自苏军的压力将很快变得无法忍受。一场强烈的暴风雪在圣诞节伴着时速每小时50英里的狂风横扫大平原，随之而来的是上千枚"喀秋莎"火箭炮在德军阵地猛烈爆炸，同时伴随着迫击炮和野战炮。随即苏军坦克在德军前沿的多处地点实施强突，大多重点集中在第16坦克师防守的斯大林格勒北面方向上。夜幕降临之前，1280名德军士兵在这个大熔炉中阵亡。

官兵们日渐认识到，在斯大林格勒，他们已经被抛弃，被宣告死亡。"我希望你和孩子们未来都安好，"卡尔·宾德尔在给他的妻子的信中写道，"让我们期待着在另一个世界里重逢。"许多写信的人都非常悲伤。
"对我们来说，非常清楚的是我们已经沦为领袖卑劣失
策的受害者，"一名年轻的军官声称说。"如果真有上
帝的话，"另一名士兵写道，"他不会允许这样巨大的
不公正。我不再相信上帝了，因为他已经背叛了我们。"
逃出包围圈只有两条路，正如另一名士兵所说的，"进
入天堂或者去西伯利亚。"

在1月份的头几天里，从前锋观测哨德军可看到
一道广阔的苏军工事矗立在面前。苏军最高统帅部断定
包围的时间已足够长了，于是命令7个苏联集团军去完
成最后的终结任务。但是在发动他们的攻势之前，苏联
人派遣3名代表举着一面休战旗帜穿过前线向德军递交
了康斯坦丁·罗科索夫斯基少将的保证书，他们保证所
有投降的德军将受到适宜优待，并且给予食物和确保安
全。军官们甚至将可以保留他们的随身武器。同时所有
"伤员、生病者或是遭受冻疮者"将会得到医治。

为了确保每一个德军士兵了解这个提议以及斟酌
拒绝它的后果，苏联飞机撒下了漫天的传单，并且用高
音喇叭不断高喊："在苏联，每7秒钟就有一名德军阵
亡……每7秒钟……"苏军巧施了一个有针对性的计谋，
把战地厨房设置在风会将热气腾腾的食物香气吹向德军
战线的地方。

保卢斯向希特勒提出了投降的建议，并且再次请
求"行动自由"。答复很快就传送回来：希特勒命令，

第 6 集团军将"死战到底",同时他还加上,"军队坚守的每一天都是对整个战线的巨大帮助。"作为回应,保卢斯签署了一项命令:"拒绝任何谈判的建议,只会以武力回应前来谈判的人员。"

总攻于 1 月 10 日上午 8 时 2 分开始,猛烈的炮火集中落在环形防御圈西侧突出部的南翼。在卡尔波夫卡河谷里,7000 门苏军重型火炮沿着仅 7 英里长的前线一字排开。两个小时里,这些重炮喷射着火焰发出巨声怒吼,直至德军战线被轰炸得像粉碎的鸡蛋壳。第 29 摩托化师的地堡和战壕被彻底地抹掉;幸存者们走路摇摇晃晃,有的患了炮弹休克,有的则歇斯底里,嘴巴、鼻子、耳朵被震得流淌着鲜血。大批的 T-34 型坦克冲过宽大的壕沟,摩托化步兵紧随其后。德军第 3 摩托化师和第 29 师的残余部队绝望地战斗,但是,在成百上千的苏军坦克像在红场阅兵那样排着队齐头并进地开过来之前,他们被迫逃窜了。

在西北方向,有一个新的攻势已经展开,奥地利第 44 师在炮火猛轰下溃散;在西南方向,德军第 376 师遇到了同样的结局。在北面,另有一个大规模进攻在德军第 76 和第 113 师之间打开一个突破口,同时在齐本科,即袋形阵地的南部边缘,德军第 297 师在苏联人猛力攻击下被打垮。

白天将尽时,被击溃各师的残余部队正向着罗索什卡河和斯大林格勒城区败逃。第二天早上,第 6 集团

军司令部电告曼施坦因："敌军从前线的广阔区域实施突破，"随后又加上了，"部队的抵抗很快就减弱了，因为弹药匮乏，严重的霜冻，以及在敌军最猛烈的炮火下缺乏掩护。"

许多军官正在失去统率军队的意志，士兵开始逃亡。恐惧压倒了这支纪律一度极为严明的军队。在皮托尼克东面的公路上，排成长龙的卡车正经过一群伤员找寻着道路。当有人叫喊说苏联人的坦克已经突破过来时，驾驶员们开着卡车从伤员身上压过并继续奔逃。

截止到 1 月 13 日，保卢斯 22 个师中有 8 个师已丧失有效战斗能力。1 月 16 日，位于皮托姆尼克的主要飞机场陷落，现只有古姆拉克司令部这座简易机场

红军部队占领斯大林格勒以西的一个德国空军基地时，正冲过两架被丢弃的德军飞机。苏军的反击攻势于 12 月 16 日发动，攻占了重要的德军飞机场，使德国空军补给第 6 集团军的距离拉长了近两倍，彻底终结了其命运。

在第 6 集团军投降后，第 376 步兵师指挥官亚历山大·爱德勒·冯·丹尼尔少将（戴高角军帽者）前行时经过一名阵亡的德军步兵身旁。在斯大林格勒熔炉最后日子里，丹尼尔是反抗希特勒的命令为投降而争辩的几名将军之一。

尚可处置任何大宗实物。无论如何，空中运输几乎已无法发挥作用。德国空军损失了 500 架运输机，还有近 1000 名飞行员，而仅有约 75 架尚可使用的飞机幸存。为了最后一搏，戈林的副手厄哈特·米尔希元帅接管了空运行动，并从整个欧洲范围内组织集中了另 100 架"容克"式飞机。但是一切都无济于事，由于为飞机卸载都要依赖于一批能够平稳操作的地勤人员，而古姆拉克简直就像一场噩梦。

古姆拉克机场里到处散落着一打或者更多架被毁飞机以及其他被击毁物件的碎片，跑道上密布炮弹炸出

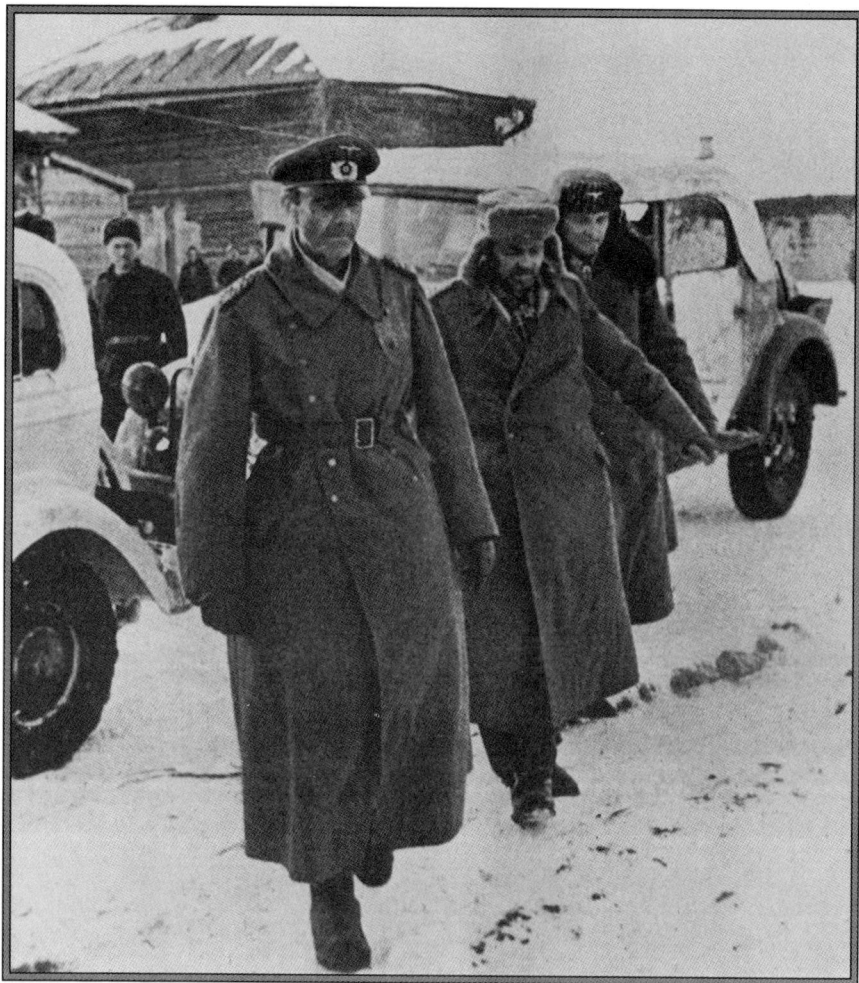

的弹坑以及覆盖着积雪。一些已降落的飞机甚至还没来
得及卸载。最紧要的就是让人员撤离，而不是运输补给
品进来。古姆拉克的周围遍布着成千上万的伤员，他们
带着将要撤离的希望被送到这里。在临时的战地医院里，
军医们为成打的伤员治疗忙得极度疲劳，此时还有成百

在1943年1月31日，第6集团军司令官弗雷德里希·保卢斯陆军元帅被俘后不久，正从一辆苏军战车里出来走在其参谋长亚瑟·施密特的前面。保卢斯的车旗和9毫米"贝雷塔"式手枪（上图）被苏联人收缴，保卢斯投降震怒了希特勒。希特勒骂道："就像这样的老牌指挥官，当他们看到自己的事业不可挽回地失败时，他们应该抽出长剑挥向自己。"保卢斯本应自裁。

上千等待着的人员被放到户外寒冷的地上，那里是零下20度的低温。

该集团军决定保留一定数量具备重要技能的军官在这里。一批又一批的专家同伤员们一道登上飞机。1月21日，一名步兵战术专家格哈德·蒙奇上尉突然被命令离开他的部队并立即飞离。然而那天没有更多飞机计划飞离古姆拉克，于是蒙奇前往一座位于斯大林格勒斯基的更小的简易机场，那里有3架"容克"52型飞机将在第二天早上降落。在成百上千伤员包围过来之前，这几架运输机才勉强滑行后停止下来。蒙奇一直没有机会登机，直到他向一名飞行员出示特别通行证并跟着他挤进拥挤不堪的舱门。但是随即看来这架飞机将不大可能飞向空中。50或者更多的士兵爬上机翼，并且他们还疯狂地在这架"容克"52型飞机开始起飞时试图紧紧抓住它。除了加大发动机的油门之外，飞行员们没有别的办法了；当飞机加速时，紧贴在飞机上的人体被冲离出去，而飞机则摇摇晃晃地飞入空中。

到1月24日为止，苏联军队已占领了所有的简易机场，包括在古姆拉克的那一座机场，德军飞机再无可能进出这座大熔炉。在古姆拉克滞留到最后的人员之一胡贝特·威尔克纳中士手臂和左腿伤残，他极为厌恶地注视着身体强壮者疯狂地踏过弱者的身体爬上最后一批飞机。更骇人听闻的还是威尔克纳从飞机场向古姆拉克

　　2 月里，听天由命的德军正沿着斯大林格勒的一条街道向东方的战俘营蹒跚行进。没有战斗勋章会授予那些极少数可以回家的幸运者。唯一一枚带有这座城市名字的德军十字奖章（右图）是专门用以纪念第 44 步兵师的，该部已在斯大林格勒被歼灭。

附近的火车站看过去所目击到的情景。苏军的炮弹将这座建筑炸得起了大火，它熊熊地燃烧着，并且像一座巨大的火葬场一般吞噬着阵亡德军的尸体，尸体已经高高堆积在其墙边直至第二层楼窗户。

　　当 1 月将逝之时，苏军有条不紊地拔除了连续抵抗的战线，保卢斯采取了最终拯救其残余部队性命的行

动。1月22日，他电告顿河集团军群一条讯息，向希特勒详细解释对第6集团军而言继续战斗是如何的毫无意义。"苏联人正前进到正前方6千米处，"他诉说，"我们已不可能堵住这个突破口。所有的办法都已用尽。超过1.2万名没人管的伤员困在这袋形包围圈里。我该签署什么样的命令，谁还有弹药剩下来？"

就像以前那样，希特勒又一次装聋作哑。"部队将防守阵地直至最后，"希特勒答复道，还加上了他惯用的华丽的辞藻，"第6集团军已在这一最重大的战争行动中为德国做出一个具有历史意义的贡献。"

在残酷的炮击之下，大批德军军官和士兵选择了自杀。一些军官向自己开枪；其他的则请求可信任的军士来结束他们的生命。司令部直属部队和小组人员用炸药包炸毁他们自己。成百上千的官兵则仿效第71步兵师指挥官亚历山大·冯·哈特曼中将，他站在萨里萨河谷以南的铁路路基上，用卡宾枪向进攻的苏联人连连开火，直到他被对方机枪扫射得血肉横飞为止。

保卢斯哪条道也没有选择，尽管他的元首显然期待着他会做出类似自裁的选择。1月31日一早，希特勒提升保卢斯为陆军元帅，理由是德国历史上还没有一位元帅成为战俘。但是让希特勒震怒的是，保卢斯让他自己被俘了，这却让苏联人感到自豪。"保卢斯，"希特勒咆哮着，"在成为不朽人物的大门口，却来了个180度的大转弯。"

这位将军同他数百人的部队一起进入斯大林格勒环球百货大楼的地下室避难。1月31日凌晨5点钟左右，保卢斯手下的一批军官从仓库里跑出来，请求与苏联高级军官联系。在同一时刻，局部停火协议被安排下来。在几个小时里，苏军第64集团军的一名准将进入该地下室，并摆出了保卢斯投降的条件。这名苏联军官随即被领到另一个房间里，在那里他看到了这位新近任命的陆军元帅形容枯槁并且胡子拉碴，但却穿着整齐的制服。保卢斯被解去了手枪并被引到一辆参谋人员的座车内，随同他们向一座位于别克托夫卡郊区的农舍驶去。在那里他正式向第64集团军指挥官米哈伊尔·舒米洛夫将军投降。

对保卢斯来说只留下一种凄凉的姿态了：苏联人已为他们这些不情愿的客人精心准备了宴席，但是保卢斯拒绝用餐，直到他得到舒米洛夫许诺他的人员将被给予食物和善待为止。

在接下来几天里，不断有小股残余的德军投降。最后的战斗在城市北部的"红墙"兵工厂终结，在那里卡尔·施特莱克尔将军指挥的第11军的3.3万人战斗到2月2日。当天上午8时40分，曼施坦因在顿河集团军总部接到了来自施特莱克尔的最后一条讯息："第11军已经恪尽职守直至最后一刻！元首万岁！德国万岁！"

在历史上，没有记录斯大林格勒熔炉的确切伤亡数字。但是第6集团军的25万官兵，的确有约12.5万人在斯大林格勒的战斗中阵亡或是死于寒冷、饥饿以及疾病。大概另有3.5万人安全逃离。约9万人投降，在这之中，仅有1/15的士兵，即6000人左右在战后回到了德国。

至于苏联方面，虽然取得伟大的胜利，但却付出了75万人阵亡，负伤以及失踪的巨大代价。

残兵败将
的末日

随着1942年即将过去，希特勒从他那位于巴伐利亚阿尔卑斯山的舒适住所签署重要命令时，斯大林格勒的25万被围困的德军部队正在听天由命。"没人知道在我们身上将会发生什么事情，但我想一切都到头了。"一名士兵在给未婚妻的信中写道。

我周围的一切正在崩溃，整个集团军在垂死挣扎，白天和夜晚都是烈焰冲天，却还有4个人每天忙于汇报温度和云层的情况。我对战争懂得不多。从没有人死在我的手上。但是，我知道，战壕对面的人绝不会如此认为。我本想在往后几十年里过上每天数着星星入睡的日子，但这似乎再无可能实现。

希特勒下令的空运行动由于恶劣的天气和苏军战斗机的袭扰而变得举步维艰。艰苦送进来的补给经常毫无用处。一次运输带来了4吨薄荷和胡椒；另外一次送来的是成箱包装好的避孕药品。在返回的航班上，"容克"52型和"亨克尔"111型搬出了3.4万名伤员，但是更多的成千上万人被丢弃在那小块外国的土地上等死，士兵们都知道那是"熔炉"。一旦皮托姆尼克和古拉克的飞机场陷落，德军就不得不依赖"补给炸弹"或者是用降落伞吊载的铁罐装的食物。

失去食物、燃料、弹药以及希望，人们用卫生纸、地图或任何可用作信笺的东西给家里写告别信。不管怎样，该集团军拦截了这些充满个人色彩的信件，声称为了审查军队的道德。"宣传部"命令将这些信件销毁，然而它们中有一部分幸存下来；下面这些最后的信件摘要出自斯大林格勒士兵之手。

1942年11月，在斯大林格勒被围困的第6集团军部队正搭建一个临时性的防御阵地。

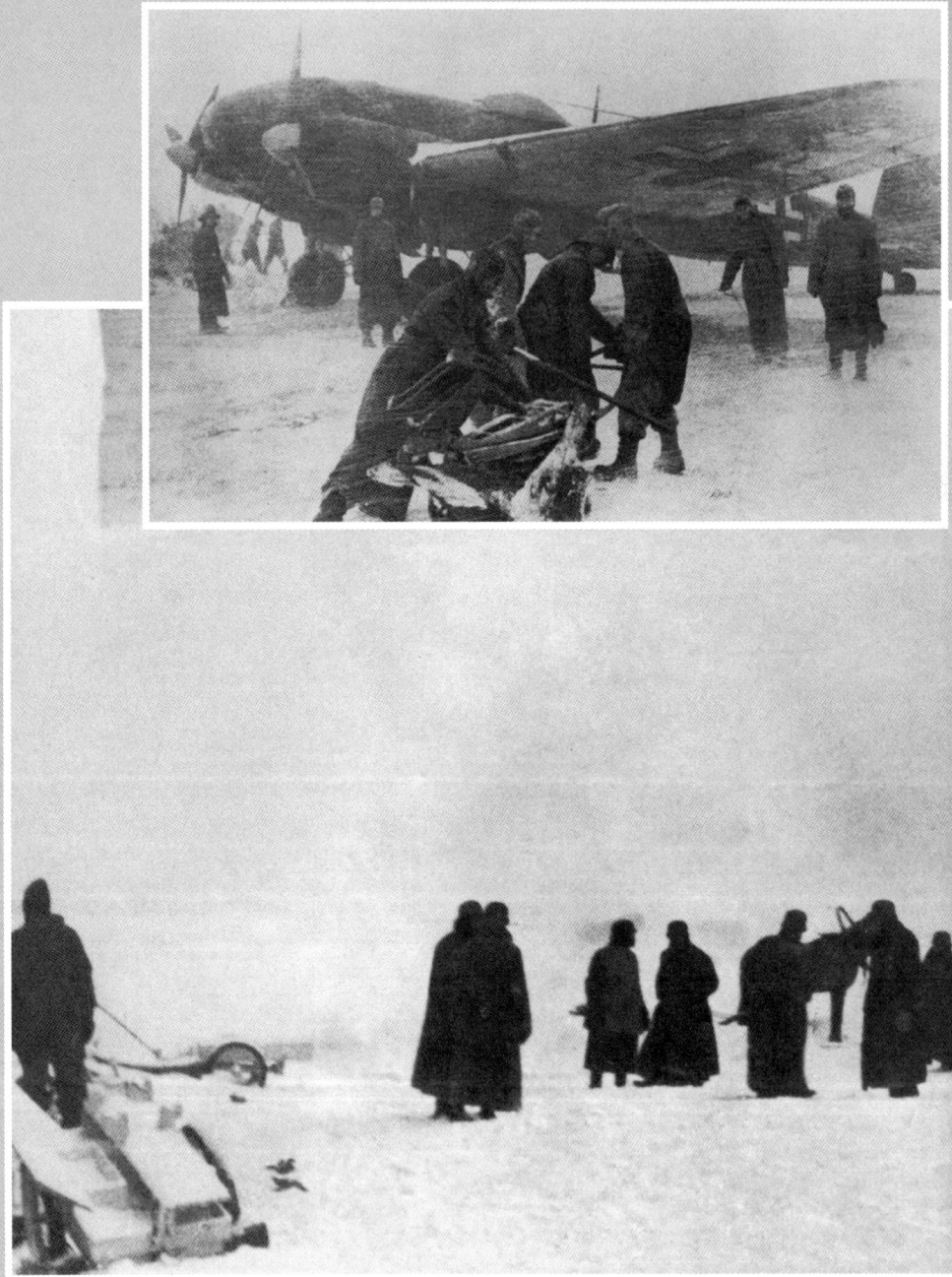

德军士兵正冲过去为一架刚刚降落在古姆拉克的"亨克尔"111型飞机卸货（插图）。
不是所有的运输机都能成功降落（上面右图）。

一次注定失败
的空中运输

　　在未来很长一段时间里，你都收不到我的来信了，或许永远也收不到了。据说明天最后一架飞机将飞离这个包围圈。形势已然岌岌可危。苏联人离我们最后一个飞机场不足三千米，而一旦它失守，连一只老鼠都逃不出去，更不用说我了。

在战场上
的仁慈使命

地勤人员正在斯大林格勒附近的一条飞机跑道上为一架"容克"52型救护飞机铲开积雪。

德国空军部队为了撤出一名负伤的战友正抬着他从雪地上走过。

紧挨着我躺着的是一名来自布雷斯兰的士兵，他已经失去了一只胳膊和鼻子，而他告诉我他不再需要手帕了。当我问他，如果他忍不住哭喊出声，他会怎么做时，他回答我说，"这儿没有人，包括你和我，再有哭的机会了。不久其他的人会对我们哭的。"

　　我们奉命行军到这里，奉命打仗，奉命挨饿，奉命死亡。我们本可以在很久之前就撤离此地，只是那些"伟大"的战略家们并未就此达成一致。很快一切就会无可挽回——其实这已是既成事实。有一件事我可以肯定，我们将再一次奉命行军。可能朝着当初计划好的方向，只是没有了武器和在完全不同的指挥之下。

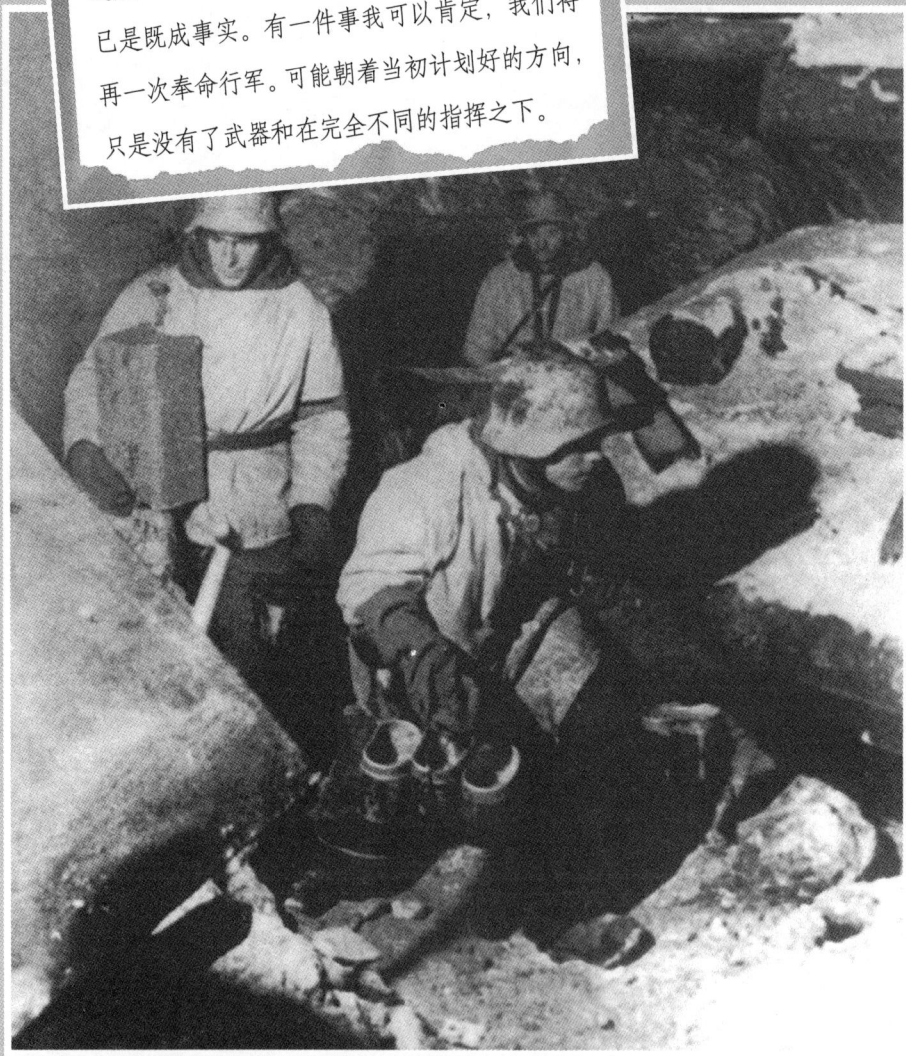

在夜色的掩护下，步兵们正向战壕里运送食物。

被严霜包裹着的德军步兵正在雪地中拥挤成一团。

　　在最后一座机场被迫关闭后，补给品继续以降落伞装载送到这个"熔炉"里去（插图）。
到此时为止，不管怎样，只有少数足够强壮的人员才能取回这些补给罐。

对生存
的渴望

在这儿，我仍然完好无损，脉搏也完全正常，还有一打的香烟呢。前天喝到汤了，今天又开了一听从补给罐里拿来的火腿罐头。我正蹲在地窖里，点燃木制的步枪底托取暖，这当中有一个年仅 26 岁还算精明的人，极想打着节拍和其他人一道高喊"希特勒万岁"。而现在要么像狗一样死掉，要么被送到西伯利亚去。

如同
野兽死亡

在这里他们在抱怨，饥饿至死亡，受冻至死亡，这只是一个像人要吃要喝一样的生理常识。他们像苍蝇那样死去；没人将他们入殓，没人掩埋他们。没有胳膊或大腿，没有了眼睛，同时肚肠洞穿，他们尸陈遍野。这和野兽没有什么不同。

在斯大林格勒被埋葬的 12.5 万名德军士兵中，一些人的脚和四肢在一望无际的白雪覆盖下却触目可见。

4. 走向毁灭之路

1943年1月12日上午9:30,炮击在这个寒冷、晴朗的早晨开始了。在德军控制的拉多加湖以南8英里宽的走廊地带,苏军的重炮向该地带东西两侧发动攻击,自1941年9月以来德军就在这个地带顶端封锁住了列宁格勒。这个地点已是6个月来的第二次将要成为一个大型交战的战场。

正当他们在东南方向1000英里外斯大林格勒的战友们对德国第6集团军勒紧死亡口袋时,在列宁格勒前线的红军部队也倾其所有的力量对付防御该走廊地带的德军第18集团军据壕固守的师团。由5个师和1个装甲旅组成的苏军第67集团军在涅瓦河西岸集结。他们在冲过刚刚结冻的冰面之前,286门大炮开始作了炮火准备。在该走廊东面蓄势待发的是第2突击集团军的7个师和1个装甲旅。这2个苏军集团军将突破这个瓶颈的两侧,合兵一处,然后向南方的基洛夫铁路突击,该铁路是通往列宁格勒的一条被切断的生命线。

正午前不久,当第一波苏军步兵在远处朦朦胧胧、若隐若现地在冰面上推进时,涅瓦河东岸的德军紧张地监视着。德军的机枪手直等到苏军行进到离岸边200码处,随即非常精确地向其扫射。第二波攻击开始冲过来,

1943年1月在列宁格勒附近,两名德军在被击毁的T—34型坦克中间,正在小心谨慎地搜索幸存的苏军士兵。在同一个月里,一次苏军的大规模进攻突破了德军对该城的重重封锁。

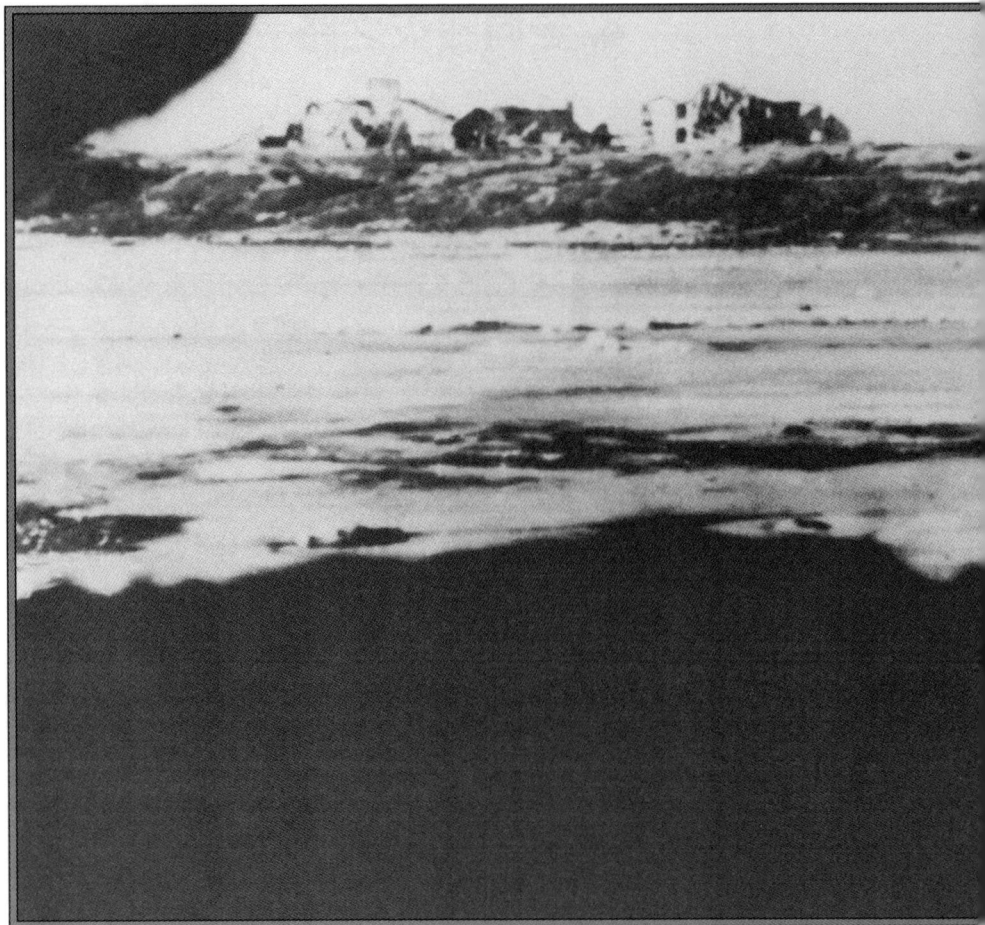

随后是第三波和第四波。到现在，前进的苏军不得不小心绕过堆叠各处的战友的尸体，在冰面上被德军炮弹炸开的弹坑周围迂回前进。

到下午晚些时候为止，苏军在该走廊西边北面的一个村庄马里诺取得了一个立足点。苏联指挥官没有费多久就打开了局面：他在马里诺集中了3个师，并命令

照片摄自一个德军炮兵阵地，阵亡的苏军士兵散落在列宁格勒以东冰冻的涅瓦河面上。1月12日，当苏军穿过没有任何遮挡掩体的冰面向对岸的德军进攻时，成千人被敌军枪炮射杀。

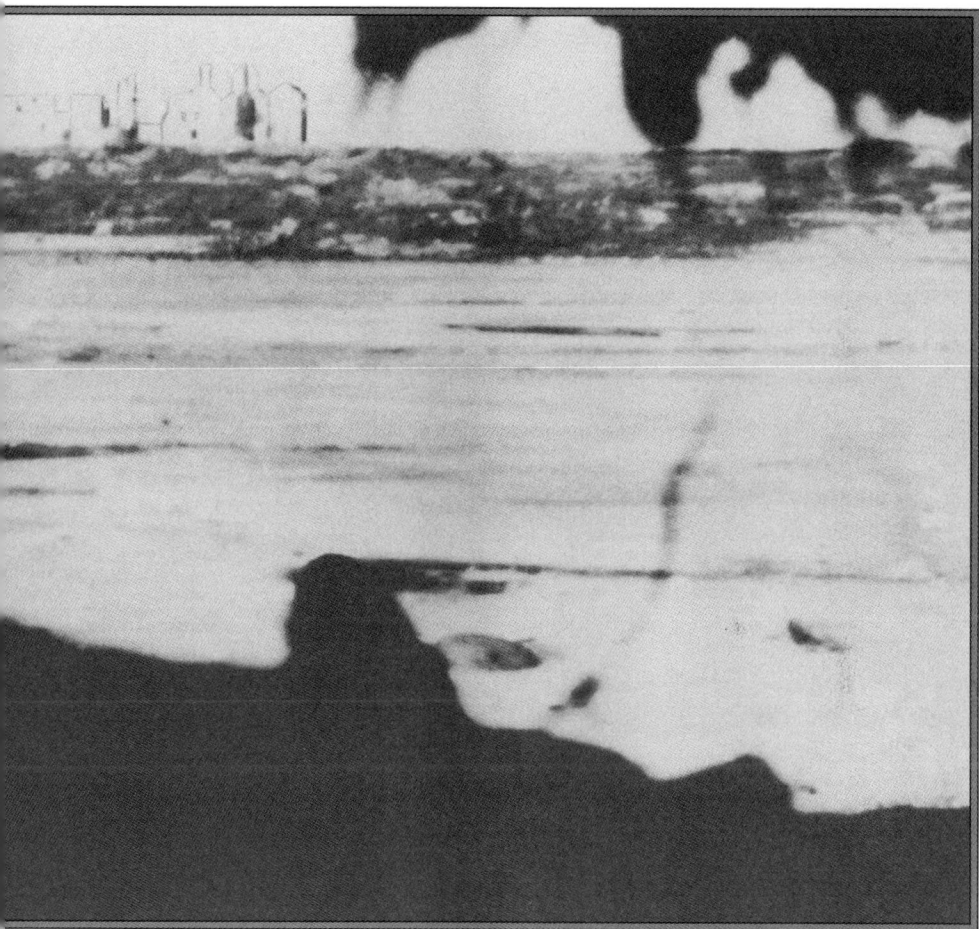

其工兵在不够牢靠的冰面上临时搭建一座渡桥，以便他的坦克和炮兵能够随后渡河。苏军穿过冰冻的沼泽和积雪覆盖的林地向北面、南面和东面前进。得到 4 辆新近调配的"虎"式坦克援助的德军击退了南面的突击，但是他们却无法阻止其他方向的突击。

在走廊的东部边缘，苏军第 2 突击集团军派出 5

打破对列宁格勒的包围

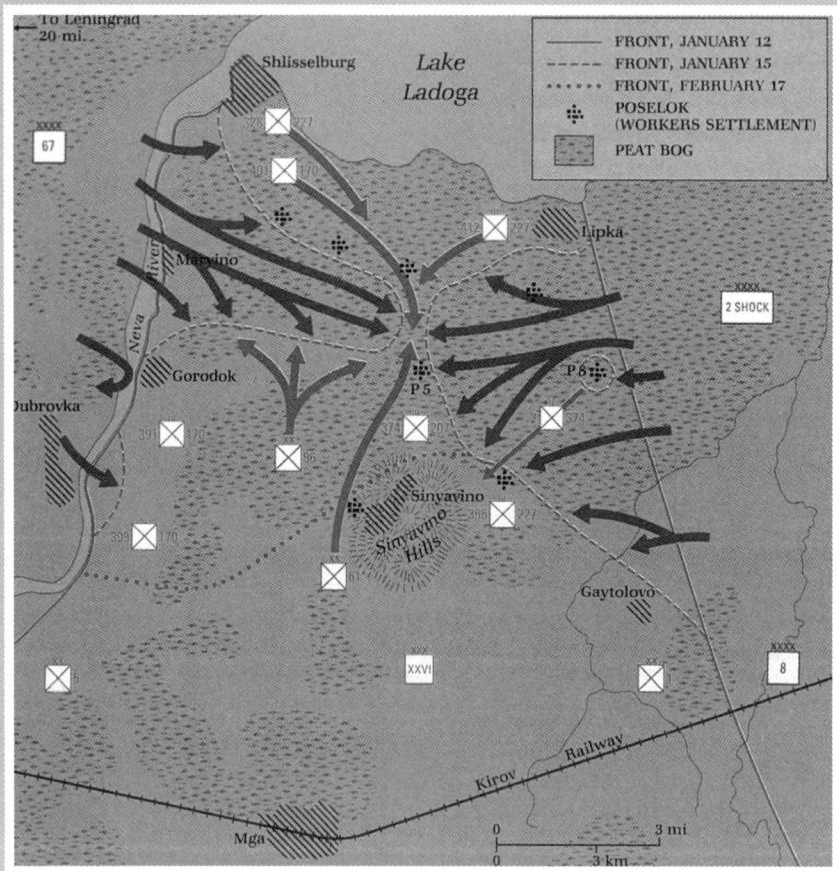

To Leningrad
20 mi.

FRONT, JANUARY 12
FRONT, JANUARY 15
FRONT, FEBRUARY 17
POSELOK
(WORKERS SETTLEMENT)
PEAT BOG

Shlisselburg

Lake
Ladoga

67

Lipka

Maryino

2 SHOCK

Neva River

Gorodok

P 8

Dubrovka

P 5

Sinyavino
Sinyavino
Hills

Gaytolovo

XXVI

8

Kirov   Railway

0   3 mi

Mga

0   3 km

德军对列宁格勒包围的薄弱连接部分就是拉多加湖以南8英里宽的走廊地带。1942年8月份，苏军试图在该地突破但最终失败，而随即又于1943年1月12日发动了第二次突破，当时两个苏联集团军猛烈进攻了该要冲的两侧。防守该走廊的德军第26军所辖师使苏军遭受了惨重的损失，但是到当天将尽时为止，苏军已经在多处实施了突破。截止到1月15日，从东面和西面一起会集的苏军第67与近卫第2集团军的前锋部队离会合不足1英里的距离。德军奋力阻止苏军两股部队会合，为拉多加湖南侧的德军留下最后一个撤离通道，但最终仍无法阻止苏军打通向列宁格勒的陆路生命线。

个师进攻伸展仅 4 英里长的前沿，在德军阵线上打开了多个突破口。然而，还有相当多的据点继续在坚守，阻断住通往至关重要的西尼亚维诺山地的通路，那里是苏军向南部铁路推进之前想方设法要占领的地方。

在这个高地的北面，接近走廊地带的顶端，德军力量非常薄弱，难以长时间抵挡进攻。截止到进攻的第二天，在拉多加湖南岸的 2 个德国步兵师的部分部队有被切断的危险，而东面的残余据点也已经被攻占或是正在为生存而战斗。在波斯洛克工人住宅 8 区附近，苏联人合围了第 207 警卫师的一个营，那里每一个工人住宅区都有一个数字标示，德军则将其改建成小型的堡垒。

这个 500 人的营被切断并失去了无线电联络。被合围后的德军猛烈地奋战，牢牢地牵制住人数多于己方

2 月份，德军部队正拉着装载给养的雪橇前往延伸到列宁格勒东南西尼亚维诺山地的防线。从该高地上，德军可以袭扰向这座城市运送给养的火车。一名德军上校声称，如果这个阵地失守，则"整个围攻列宁格勒的行动将变得毫无意义"。

的苏军部队达两天之久。1月15日，在弹药将尽之时，
指挥该部队的少校召集起军官们，让他们选择投降、坚
守或者试图突围。军官们选择了突围。

在一名身着缴获苏军制服操俄语的士兵带领下，
该营于午夜前悄悄地撤出。身体强壮者用雪橇拖着孱弱
者在积雪上前行，这些雪橇是他们从当地村庄强征来的。

在针对据壕固守黑海沿岸城市新罗西斯克的德军和罗马尼亚军队的一次失败的两栖攻击之后，美国制造的轻型坦克和登陆艇被水浸透并被丢弃。

不久，逃亡的德军在月光下认出了一支苏军的坦克车队。那名操俄语的士兵壮着胆子接近了该苏军指挥官，在几分钟紧张的对话后他得意扬扬地返回来：这些苏联人把他当成了老乡，而且还给了他口令"POBEDA（胜利）"以及阵线上一个缺口的位置。几个小时后，在靠伪装欺骗通过多个前哨阵地并杀开血路通过另一个之后，该部德军抵达了他们自己的阵线。

逐渐地，苏军扩大了他们业已在该狭长作战区域强行建立起来的滩头阵地。战斗转入另一个工人居住区，西尼亚维诺以北的波斯洛克5区，在该处德军拼死坚守为湖岸被切断的部队打开逃生之路。在4天时间里，在冰冻的泥炭沼里，他们一直坚守着这个前哨阵地，截止到1月19日，这支唯一没有撤出的德军全军覆没。在解救其自身命运中，无论如何，撤退中的国防军还是在身后留下了一条通往列宁格勒的大陆桥。

这个东西走向的走廊地带现在已把列宁格勒和苏联其余部分联结起来，它最多有7英里宽度，但它是该城在503天里第一个陆地联结点，解放的消息于1月18日午夜通过电台传到列宁格勒人："包围圈已经被打破了！"红旗在冰封的窗户前随处可见，而音乐在冰冻的街道上高声响起。

在还不到基洛夫铁路的地方，德军阻止了红军的进攻，但是苏联工人立即就开始为一条22英里长贯穿这条狭长生命线的铁路支线铺设铁轨。不到3周后，即

2月6日，尽管这条新铺的铁轨完全处于在西尼亚维诺的德军火炮射程之内，第一辆列车仍飞快而安全地开了过去。解围这座苏联的第二大城市使苏军付出了昂贵的代价——截止到2月底，红军在拉多加湖区会战中的伤亡人数共计27万人。

远到南面，有一场不同于东线以往任何一场战役的会战在黑海德军据守的新罗西斯克市打响了。苏军在此试图对他们采取新的和怪异的战术——一次两栖登陆。甚至更为大胆的是，他们企图在夜晚的寂静中展开行动。在其军队受到斯大林格勒成功的启发下，斯大林于1月24日在克里姆林宫会议上提出了这一两栖登陆的建议。其目的是用一个双层包围分割理查德·鲁奥夫将军的第17集团军——陆上方面的攻击由苏军第47集团军发动，而海上登陆的攻击由苏军黑海舰队支援的海军陆战队和突击队完成。该合并行动的两路将与进攻到北部的其他部队会合，阻断鲁奥夫穿过克里米亚的刻赤海峡向塔曼半岛撤退的路线。该两栖登陆是整个计划中最冒风险的，它也是最有成功希望的。因为它完全出人意料，而且在海岸边的对方阵地大多数是由罗马尼亚人把守，他们相对较弱。

当斯大林格勒的好戏达到高潮时，在黑海海面上以及港口城市格连吉克和图亚普谢，德军的侦察部队注意到了苏军有步骤的行动，无线电通讯也比正常情况下频繁。2月1日，忙忙碌碌的情况停止了，对德军来说这是一个不祥的预兆。在克里米亚海岸边和塔曼半岛的德军与罗马尼亚军队随即进入戒备状态，而在新罗西斯克的部队却没有戒备，因为他们认为在此处不可能登陆。

就在2月4日半夜之后，一支进攻的舰队开进奥泽雷卡湾的阵地。海岸上是沙地，在海滩后面是低矮的草丛，周边都是覆盖林木的小山头，这里将会是一个理想的登陆场。凌晨1点钟，在一片如墨般的漆黑之中，该舰队的海军舰炮电闪雷鸣地发动第一波炮击。苏军轰炸机低鸣着飞过头顶，在德军阵地上投下炸弹，爆炸发出的闪光为海军的炮手们指示目标所在的位置。在炮弹如雨般轰炸一小时后，一支1500名海军陆战队组成的突击队乘坐登陆艇，登上滩头。在日出之前，预计将有8000人的第二波攻击紧随其后，由3个海军陆战旅和1个伞兵团组成。

当登陆艇靠近时，海岸边的罗马尼亚炮兵阵地以及高地上的德军重型火炮开火了。在从炮兵阵地后面射出的探照灯光的照射下，机枪手们向攻上海滩的陆战队猛烈扫射。陆战队员们不为所挫，攻下了多个滩头阵地，截止到凌晨3点30分，他们在毗邻的树林里已找到了掩蔽处。他们的指挥官电告舰队让第二波攻击人员登陆。

然而第二波增援并没有及时到来，后来发现是因为苏军舰队故意推迟了到达的时间。军种间的矛盾一触即发：海军偏好在拂晓时分发动登陆，于是拒绝遵从红军的指令。更糟糕的是，为第一波登陆人员提供掩护的战舰在等待了 45 分钟之后竟消失了踪影，他们之前接到的指令是在凌晨 4 点 15 分撤离，于是他们不顾实际作战情况，按照战前布置的时间表径自离开了。当第一线光亮划破天际之时，德军炮兵们看到排成一线的巨大目标出现在他们面前——一支超过 100 艘未受掩护的运输舰组成的舰队，都是一样的外形和尺寸，朝他们开过来。他们从容不迫进行了射击，击中一艘船并燃烧，同时还击沉了另外两艘。负责此次登陆的海军将领踌躇起来，不知该如何是好。首先他命令装载着部队的运输舰转回海面待命。在一个小时里，他手忙脚乱地与其他的指挥官相互进行无线电联络，试图理清自己的头绪。最终他下令攻击舰队返回基地。德军炮兵和步兵部队将束手无策的已登陆的苏军赶回了海滩，在那里，原本 1500 人的部队有 594 人投降。他们开上海滩的 31 辆美制坦克被击毁。有 620 名陆战队员阵亡，其余的被淹死或是逃入内陆地区。

但是事情出现了一个未曾预料的变化。一支更小型的突击队分队蹚水上岸于拂晓前抵达了新罗西斯克近郊。为了牵制敌军部队，突击队建立了滩头阵地并调集了 600 人的增援部队。在仅遭遇了零星抵抗后，他们转移到斯坦尼察城后的高地上面并且设置了防御阵地。截止到晚间，这支牵制力量变成了攻击的主力。

德军在夜间向他们发动了一次冲锋，但是该突击队轻而易举就将其击退。鲁奥夫将军现在犯了一个严重

1月份在沃罗涅日郊外，第2集团军的步兵准备好机枪，正坚守着德军的战线。该月晚些时候，德军右翼的匈牙利军队的崩溃将迫使他们放弃该城并向西后撤。

的错误：他竟空等了3天时间，才发动了第一次全面反突击。这个延误让苏军将那支原有8000人的登陆部队送上海岸。当德军最终于2月7日进行反突击时，苏军已控制了一片宽3英里长4英里的陆地区域，包括斯坦尼察后面的山头。这场似乎已因军种矛盾而夭折的登陆战，又有了成功的机会。

增援该突击队的苏联军队最终达到了78500人，这其中就有苏联未来的领导人列昂尼德·勃列日涅夫，他差点死在此次战斗中。当时运送他到海滩登陆的渔船触到了鱼雷，他被救上岸时已经昏迷。尽管斯大林的两栖作战没有合围第17集团军，但是在新罗西斯克的苏军仍为在今后 7 个月中牢牢牵制住"轴心国"的 6 个师而有效地进行了战斗。

在 1943 年初的几个星期里,已然复活的红军看来在各处发动进攻。奥泽雷卡湾以北 500 英里处,在顿河上游区域,F.I. 格利科夫将军的沃罗涅日方面军一支实力很强的前锋部队为向 B 集团军群发动突击做好了准备,重点攻击位于沃罗涅日以南中央部位的匈牙利第 2 集团军。格利科夫对该区域进行了为期 3 周的勘察,并在夜色降临后将其部队横穿大平原运动至进攻发起线,以此骗过毫无防备的匈牙利人。此次苏军大规模反击攻势的第三阶段目标是,沃罗涅日方面军以及其侧翼的布良斯克方面军向西攻击一条 300 英里的战线上的三个据点,并粉碎在乌克兰的"轴心国"军队薄弱的北翼。在这里取得的胜利将打通重返哈尔科夫的道路并控制住顿涅茨盆地的煤炭和工业区。

进攻原本预定于 1 月 14 日开始,但此前两天,一支武装侦察队在匈牙利人的阵线上突破了一个缺口,于是攻势便就此展开。第一次,苏军使用了"扫雷滚轧机",这种金属滚筒在坦克前面推进,将地雷无伤害地引爆并迅速清除雷区。格利科夫的部队在整条战线上攻破了"轴心国"军队的阵地。匈牙利军队大折锐气,在苏军侧翼的德军和意大利军队亦是如此。截止到 1 月 16 日,"轴心国"军队的通信系统被破坏;两天后,苏军钳形攻势从南北两侧将 13 个师死死合围在一处。一星期后,"轴心国"军队的抵抗崩溃了。苏军俘获了 86900 名战俘，此外还有大批的车辆和重型火炮。

格利科夫向前进发现了德军第 2 集团军的南翼，该处位于匈牙利人丢弃的突破口的北面。1 月 28 日，沃罗涅日方面军向北转入德国军队的背后，与来自布良斯克方面军的装甲部队会合，并切断了该德军集团军 3 个军中的 2 个军。德军指挥官汉斯·冯·萨尔慕特中将说服希特勒允许他撤离沃罗涅日。萨尔慕特的部队炮轰了该城，随即杀开血路冲破苏军包围，并且在积雪和寒冷中艰苦地跋涉到西面 120 英里的新阵地。

德军指挥部现在面对着其战线上一道近 200 英里长的突破口，该突破口从沃罗涅日以北几乎到南方的伏罗希洛夫格勒。形势非常危急。国防军消耗了所有的储备，开始在行动上力不从心。相反，苏军正充满了信心。哈尔科夫已然触手可及。

在这点上，格奥尔吉·朱可夫元帅制定了一个大胆的计划以利用一切的可能性。这次行动代号为"星球"，分成两部分：格利科夫的部队将向西突击，指向哈尔科夫和库尔斯克，同时另 2 个苏军方面军即南方方面军和西南方面军，将向第聂伯河下游与亚速海突击。如果"星球"行动成功，苏军将在第聂伯河以东切断曼施坦因的顿河集团军群与克莱斯特的 A 集团军群，从而消灭希特勒的整个南翼部队。

该行动于 1 月 29 日至 2 月 2 日间开始。斯大林希

星球行动

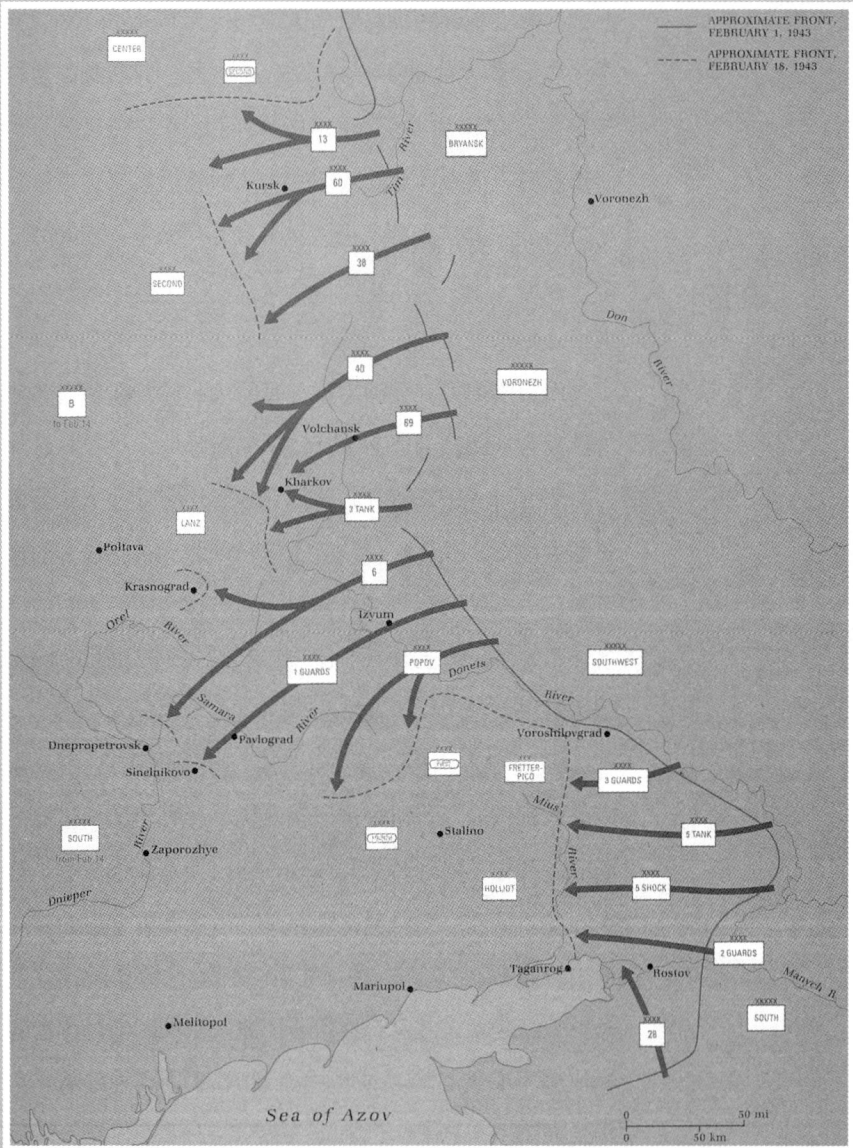

由于坚信在顿涅茨河后方的被分割的德军几近崩溃，斯大林看到了消灭在南线的国防军残余部队以及重新夺回乌克兰东部的机会。这个代号为"星球"的大胆计划的第一个阶段在1月底完成，沃罗涅日和布良斯克两个方面军击溃匈牙利第2集团军，同时将德军第2集团军赶回库尔斯克。这些战役的成功在曼施坦因的顿河集团军群北部前沿撕开了一个巨大的口子，同时使得攻占哈尔科夫的时机成熟。在2月的第一个星期，苏军在该突破口投入了6个军，其中3个军重夺哈尔科夫，其他的军群则迂回到了顿河集团军群的北翼。尽管德军进行了顽强抵抗，哈尔科夫仍于2月14日陷落。但是更大的危险来自南方，在那里，苏军已经迂回至曼施坦因的集团军群背后，并且正在逼近至关重要的第聂伯河大桥。希特勒满脑子只想着重夺哈尔科夫，但是曼施坦因却已经拟定了一个庞大的计划，准备逆转他的指挥局面同时改变战役的进程。

望在春天解冻前完成该行动。到2月5日，德军第6集团军在斯大林格勒最终覆灭3天后，苏军开始分割伏罗希洛夫格勒以北的"轴心国"残余部队。到现在，韦希的B集团军群实际上已经几近覆灭。格利科夫的右翼正接近库尔斯克；其左翼和中路已经进抵顿涅茨河，并且正准备包围哈尔科夫。而西南方面军的先头部队进军到第聂伯河上的渡桥，并且迂回到了集结于顿涅茨盆地的曼施坦因部队的背后。

当曼施坦因明白这一局势时，他下达的第一道命令就是让其部队从顿涅茨盆地后撤到位于米乌斯河的一条防御阵线处，以避免被侧翼包抄。仍垂涎于顿涅茨盆地原煤储藏的希特勒却拒绝了他。曼施坦因坚持己见，要求元首三思而行。2月6日，希特勒将他召回拉斯滕堡。

当这位陆军元帅表明其现有的状况应为一次快速的撤退以及整顿部队时，希特勒以曼施坦因事后形容的"最大限度的镇静"听取了意见。曼施坦因对此类磋商会议的套路已熟然于胸：元首将令人信服地摆出一副对细节了如指掌的姿态，强调一下意志的重要性，贬低苏军的实力，同时拒绝退出即使是一码的苏联土地。

曼施坦因耐着性子听取希特勒冗长老套的反驳。元首断言，这位元帅对苏军将要实施行动的估计纯粹是无稽之谈。他坚持认为，苏军已达到了其耐力的极限，并且在穷途末路之时会放弃领土。希特勒以他老套的经济学论点做了总结，即守住顿涅茨的原煤的重要性，用曼施坦因的话来说，这个推论使得他能够"充分展示其极为令人惊异的关于生产数字和武器潜力的知识"。

但是陆军元帅曼施坦因已准备就绪，现在打出了自己的王牌。他曾经向德国煤炭企业联盟的总裁咨询，并了解到埋藏在米乌斯河以东的原煤质量相对较低且对于战时生产无关紧要。希特勒被迫接受了这一观点。

元首提出了最后考虑的因素——天气。他争辩说，由于过早的解冻，将会阻止苏军前进的道路并由此排除撤退的必要。但是，曼施坦因回答说，他不会将德国军队命运压在自然界的变化上，希特勒最终缄口不言了。这场争论延续了 4 个小时。

在此后 2 周的时间里，苏军使希特勒"坚守战线"的论点站不住脚。近 12 个苏联集团军迅猛地突入了 B 集

在哈尔科夫东北面的战斗中，一组大德意志师的炮兵正在装设一门 75 毫米反坦克炮。1 月下旬，该师迅速撤出在苏联中部的战斗以协助重整乌克兰东部破碎的德军前线。

团军群溃逃时留下的巨大缺口。在南面，一支由 M.M. 波波夫将军率领的强大装甲集群已向第 1 坦克集团军和"霍利特"集团军侧翼迂回，该两部都正在向米乌河方向后撤。在中路，苏军第 6 和近卫第 1 集团军均在逼近第聂伯河的渡桥，而在北面，哈尔科夫的陷落也指日可待。对留在该突破口的德军防守部队来说，战斗已演变成一系列敏捷快速的后卫部队行动。随之而来的是不可避免的撤退，但德军在他们未遭受重创时不会撤退。

已逃过顿河与顿涅茨河的第 1 和第 4 坦克集团军加入了曼施坦因的防御战线，但是他们的实力大为削弱，第 1 坦克集团军中的连级单位仅保有 20 ~ 60 人不等。曼施坦因向希特勒抱怨敌军的人数 8 倍于他。统帅部曾告知他每天会有 37 辆列车运兵，然而直到 2 月 14 日，也只不过有 6 辆到达。

防守哈尔科夫这个公路枢纽与工业中心的任务落到了新近组建、由保罗·豪塞尔将军指挥的党卫队第 2 坦克军身上，这是一位时年 62 岁、合格的党卫队老将。他的军包括了国防军中最有实力的 2 支部队即党卫队坦克近卫师"阿道夫·希特勒冲锋队"师以及"帝国"师。这 2 支部队是在被占领的法国憋足了许久之后新近达到的，在那里他们已经配备了最新型的坦克和装甲车辆。

2 月初，这两个师协同另几支满员的部队包括"大德意志"师，发动了一系列阻击突击中的苏军前锋部队的阻滞战斗。在不到 2 周时间里，德军被赶回哈尔科夫

在请求放弃哈尔科夫多日之后，党卫队第2坦克军指挥官保罗·豪塞尔中将强行撤退，从而违反了元首最终下达的"将不惜一切代价死守该城市"的命令。

在德军于哈尔科夫突围期间，由库尔特·迈耶少校指挥的一个党卫队战斗集群（画面前方）正准备防御该城市以南约40英里处的新阵地。当2月15日夜间，苏军发动进攻的时候，迈耶回忆道"我们借着火光，向依稀可见的一排排苏联人开火。"

及其近郊。格利科夫的军队正从北、西北和东南三个方向上逼近该城，此时希特勒刚于2月11日声称将不惜任何代价来坚守哈尔科夫，这一命令经胡贝特·兰茨将军之手传达至其部下豪塞尔的手中。兰茨的司令部是特别设立的分遣部门，在建制上属于B集团军群，而不归曼施坦因直接控制。尽管如此，曼施坦因仔细掂量了放弃该城的意见。元首却坚决不同意，2月13日，他又重申了坚守的命令。

现在，苏军已进抵哈尔科夫近郊，包围圈就要合拢。豪塞尔已经命令"卫队"师向西南方向运动，留下由"大德意志"师支援的"帝国"师防守该城。现在他请求准许放弃哈尔科夫。他的军团日志解释了原因："在哈尔科夫东部和东北部前沿的敌军异常强大。所有进攻部队都被牵制在南线。在哈尔科夫城内，到处都有民众向部队和车辆开火的情况。一旦部队接到命令，将炸毁这座城市，包括铁路、商店以及弹药仓库。有条理的撤退行动日复一日变得越来越不可能。哈尔科夫已失去战略上的重要性。请求元首更改他的决定，也就是不再坚守哈尔科夫直至最后。"

兰茨富有同情心，但是对眼下战局已有些力不从心。他告诉豪塞尔，命令保持不变。稍后在14日下午，当豪塞尔仍然等待着关于目前为止他决定的指挥意见时，他电告兰茨他将下令在当晚撤退。兰茨很快就回复：根据希特勒的命令，死守到底。豪塞尔再一次给兰茨打

电话，得到同样的结果。他决定整晚都牢牢地坚守。

第二天中午，苏联人重新开始进攻。苏军包围圈上的突破口现在仅有咫尺之宽，而苏联人正将炮弹倾泻在通往西面的狭窄的补给线上。刚好在下午1点钟之前，仍然对指挥系统充满信心的豪塞尔发出一份最后的通报，声称他违抗了希特勒的命令正在撤出该城区。当日下午晚些时候，两个德军师在冲出这座燃烧的城市向西南方向突围的道路上浴血奋战。纵使希特勒对违抗命

德军在3月份从莫斯科西北热尔科夫突出部撤退时，德军卡车正通过一座横跨伏尔加河的干桥，该桥被工兵埋设了地雷（插图）以准备摧毁。希特勒认为炸毁该桥可以阻止苏军的追击，于是他从位于文尼察的统帅部通过电话监控这个炸桥行动。

令的豪塞尔有再大的不满，他也不得不强压住怒火，因为豪塞尔的撤退拯救了两个老牌师并且让他们与其他部队会合。与此同时，格利科夫在一路少有中断的情况下从哈尔科夫以西向波尔塔瓦突进。

在 2 月 22 日庆祝红军建军 25 周年的祝词中，斯大林宣称"决定性的时刻"到来了。他说，德国已然是强弩之末，而苏联正在集聚更强大的力量。但是为了使他的士兵们不要太过自信，他警告了敌军虽遭受到失败，但是仍然没有被征服。在大西洋的另一边，罗斯福总统借此机会向俄罗斯表示庆贺，说苏军"开始了希特勒军队走向最终灭亡的时刻"。

向第聂伯河迎头推进的苏联军队同样受到了来自斯大林本人的鼓舞，他也认为德军正在进行全面的溃退。对这位苏联的最高统帅而言，希特勒精锐部队放弃哈尔科夫就是惨败溃逃的明证。实际上，曼施坦因仅仅是在争取时间。他退出了他防守的地方，但是未到第聂伯河便停止下来，等待时机，而此时过于自信的苏军的行军距离已超出他们的补给线。

苏军突击的先头部队接到命令，不管供给，继续进攻。他们的目标是在 3 月末到来的解冻期以前进抵第聂伯河。但是当他们向哈尔科夫附近推进的时候，他们开

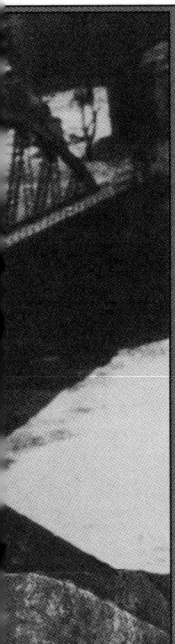

始耗尽他们所需的一切：弹药、燃料、食物。像格利科夫和波波夫这样的指挥官知道他们的补给能力不足以满足一个集团军可能的坚守和战斗需要。而每前进一英里，他们的力量都在损耗。

德军最高统帅部开始认识到两军在东部前线最理想的状态应是对峙僵持。"轴心国"的后备役力量正在减少；元首的部队将不得不保持现有的数量，而现有部队远远不够；只能靠缩短战线，德军才可较有效地部署他们的残余部队。到2月中旬为止，他们一路上都在放弃拼死夺取来的阵地。

有一个防区是最难以割舍的，因为它可以威胁到苏联的首都地区，这就是顶端在勒热夫的突出部，勒热夫是一座位于莫斯科西北方112英里处伏尔加河畔的城市。自1941年10月以来在那里的德军部队就像是一支插入俄罗斯心脏的长矛，并且他们还打破了所有将其肃清的企图。放弃勒热夫可能就是放弃所有夺取莫斯科的希望。然而在斯大林格勒的灾难，至少暂时地，让元首对于撤退的立场有所松动，2月份他命令在勒热夫突出部的第9和第4集团军后撤100英里，以便缩短他们的战线。

规模如此大的撤退对后勤是个巨大的考验。有125英里的道路需要修复，此外还有雪橇和马拉车辆行走的400英里的雪路需要疏通。需要有200趟列车和卡车护送队撤出1万吨装备。6万非军事协同人员及其家人不得不迁移。撤退的最后行动之一代号为"水牛行动"，将是迁移德军铺设的 600 英里的铁轨以及 800 英里长的电话线。

目标就是在解冻前撤出所有的人员和设备。安全保密至关重要：部队必须直到拔除营地之时才被告知即将撤离。但是苏联人却闻到了撤退的风声。"你们的军官们正在收拾行李，"在前线的一个苏军高音喇叭叫道，"要确定他们不会把你们丢在身后。"

在大撤退之前和当中那些寒冷灰暗的日子里，在勒热夫的第 129 步兵师服役的赫尔慕特·帕伯斯特中士一直保持记日记。"我们在勒热夫桥头阵地待得够长了，"当知道要撤退时他写道，"我们将要从地下掩蔽的坑道挪进雪地里。永别了，勒热夫。"

冰冷的寒风劲吹，使得人几乎无法站立，然而苏联人却仍在向帕伯斯特和他的战友这些准备撤退者的身上施加压力。2 月 17 日，他写道，"简直就是手脚并用的肉搏。根本没有时间开火，只能挥舞着步枪敲碎离自己最近的头颅。苏军丢下了 3 具尸体和 1 名俘虏。"

当整个撤退于 3 月 1 日开始的时候，帕伯斯特的后卫炮兵团是最后撤出的部队之一。变化无常的天气使得最后的准备工作简直就像一场噩梦：撤退开始时道路泥泞，只好将补给品装上大车；当那天夜间一场冰冻突然袭来时，德军又将所有物品转装到雪橇上。

对帕伯斯特来说，他们现在放弃的地方已经不是人待的地方了，他如此形容道，"我们仅能看见战斗者们模糊的身影，这里有既刺激又危险的奇怪气氛，战斗者们就像正在觅食的狼群一样徘徊前行。我们是最后一批跨过伏尔加河。"希特勒急于确定在最后一批德军渡河后桥是否炸毁，当该桥被炸掉时他正通过一次专门的电话来聆听爆炸声音。

指挥第9集团军的沃尔特·莫德尔将军精心布置一个地雷阵来掩护其撤退。除了埋设路障和战术性的反坦克与反步兵地雷外，他的士兵还到处放置了具有可怕威力的爆炸装置，不管哪个苏联人一碰上比如门、窗户、炉子里面和手推车里、楼梯底下以及一个半开着的诱人的补给品箱子，他都会被炸得粉身碎骨。

通过无线电监听得知他们这个战术十分成功。"我把马拴到马厩里并走进屋子里，"一名苏联指挥官报告说，"随即听到了一次剧烈的爆炸，马厩和我的马被炸得粉身碎骨。这些该死的德国佬在许多我们压根预料不到的位置埋下了地雷。"苏联士兵接到命令，在扫雷人员对该区域仔细清扫之前，不许进入建筑物或使用水井。

由于不习惯强行军的极度艰苦，帕伯斯特和他的部队就停留在追击的苏联人前方不远。狂风抓挠着他的脸颊并撕扯着他的制服。他的靴子没入齐膝深的积雪中。"疲劳让我的头绷紧得像戴着一顶晕眩恍惚的帽子，"他写道，"最后就只剩下我的脚继续在行走，一步接一步地，顶着狂风跌跌撞撞。"这支德军将在午夜后停止下来，又得在拂晓前继续前进。当帕伯斯特接近其部队的新阵地时，不断升高的温度使得路面变得泥泞起来。一匹拖着军需品的马"像火车头般喘着粗气"，两次在光滑的斜坡上滑倒。3 月 14 日，帕伯斯特到达了新战线，这里遍布工兵和工程部队迅速建立的地下掩体、筑垒阵地以及地雷场。

在仅仅 20 多天里，精心策划组织的"水牛行动"将 29 个师从 100 英里长的突出部抢救出来。在斯摩棱斯克前的德军新战线不足 200 英里长，解脱出 22 个师可以支撑摇摇欲坠的轴心国战线，它确实急需坚守不退。

帕伯斯特中士环顾着他周围的新环境，举目望去全是大片的冻土，"十分糟糕"，云雀似乎是此处唯一的活物。3 月 21 日，帕伯斯特被提升为中尉，并被指派负责一个炮兵观测队。6 个月后，他在战斗中阵亡。

勒热夫西北 100 英里处，北方集团军群第 16 集团军一部的德军第 2 军 10 万官兵，从位于德米扬斯克周围他们那蘑菇阵形的突出部出来就面临一次更为惊险的撤退。自 11 月起，苏联人就试图马不停蹄地将德米扬斯克突出部从其 6 英里宽的最薄弱部位分割开。当塞米扬·铁木辛哥元帅指挥的最近的一次攻势于 1 月中旬逐渐减弱时，德军伤亡数量已经达到了 17767 人，有人阵亡、负伤或失踪，但是该突出部仍岿然不动。这次攻势也让苏联人付出了 1 万人阵亡和超过 400 辆坦克的代价。

亲临其事的军官们知道该突出部不可能坚守太久，而且当希特勒于 2 月 1 日勉强批准第 2 军的 12 个师在

70天以后方可撤退时，该军团也只好把它撇在一边，便宜行事了。在两个星期里，德米扬斯克的军事参谋们秘密地制定撤退的第一阶段计划，他们希望赶在希特勒下达的撤退日期之前完成此项工作。撤退有一个代号，即"清除垃圾"行动，而且不需要知道者被引导相信这个代号是指一次德军的攻势。相反，包括苏联战俘在内的工作人员开始修整通向后方积雪的道路，并且在该突出部前沿到横跨洛瓦特河的狭长走廊地带那多山、多林木的地形铺设铁轨。工人们给他们修整的这段粗糙的高速通路起了具有讽刺意味的名字，诸如"灯芯绒大街"和"西里西亚大道"。

对前线部队并不急用的装备，先行被抽调出来堆放到仓库以待后取。2月的暴风雪将大雪压盖在瓦尔代山中新铺设的铁轨上，但是在两周里，该军团还是成功撤出了8000吨的重型武器和6500部车辆。

除了欺骗他们自己的同胞外，德军还布置了一个精心策划的战役来欺骗苏联情报部门。他们举行声音嘈杂的"交接"聚会来庆祝虚假的换防部队的到来。德军电台频繁地发出虚假信息请求增援部队和为新来的部队建造设施。发报机从并不存在的部队司令部定向发出无线电讯号。

无论如何，苏联人大概是察觉出撤退的迹象。2月15日，他们做好了从德米扬斯克走廊两侧发动的一次新进攻的准备。他们知道从其他的东线军团那里，德军不可能期望得到帮助,所有的战局尽在他们的掌握之中。铁木辛哥动用 6 个师约 5 万人进攻该走廊地带的北面;一支同等实力的苏军部队则在南面发动攻击。受命掩护撤退的德军部队曾将苏军阵线挤压弯曲,但未能突破。第 16 集团军指挥官恩斯特·布施元帅下令第 2 军刻不容缓地开始全面撤退。这将是战争历史上最大胆和最冒险的行动之一。

由于一开始就是秘而不宣,德军的计划者们认为只需 20 天就可使这个军抽身而出。2 月 17 日晚间,前哨部队的人员通过白雪覆盖的群山开始了 50 英里的撤退,撤退到一系列事先选择好的"隔断线"的第一条线上。每一个细节都被小心谨慎地计划好。交通管制员保证了纵队平稳地前进,不允许举灯或明火,声响被控制到最低限度,而维修人员随时准备抢修损坏的车辆。

当几个师正缓慢地进抵前沿时,苏联人在走廊地带的进攻开始打响。在德军撤退时,他们加强了该突出部脖颈处的防御阵地。至 2 月 19 日为止,苏军的骑兵和雪上滑行部队进入全面追击,一再袭击了后卫部队,并不断袭扰撤退的路线。另一场暴风雪延缓了被追击者和追击者双方的行动。在暴风雪期间,能见度极差,以至于士兵们仅隔几码远却相互间失去联系;德军雪地滑行巡逻队试图阻止苏军雪上滑行部队的攻击,车辆陷入 3 英尺深的雪堆之中。

在不断增加的重压之下,逃亡的德军到达了他们

第五和第六条隔断线。当他们经过现已破坏的德米扬斯克城后的狭长地带时，在桥梁处发生了激烈的战斗。苏联军队尽管占有数量上的绝对优势，还是无法阻击或是包围撤退的德军，只好满足重新夺回的 1200 平方英里的领土。

在抢救出所有可用的武器和车辆后，最后一支德军于 2 月 27 日从德米扬斯克突出部突围出来，此时仅是撤退开始的第 10 天。几天后，这支精疲力竭的部队向北面运动支援在拉多加湖区附近西尼亚维诺山地的部队。与此同时，在南面，德国军队面临一次更为严重的挑战。

希特勒于 2 月 17 日飞到曼施坦因在扎波罗热的司令部，此刻他仍在为丢了哈尔科夫而怒火中烧。仅仅在 3 天前，他授予曼施坦因中央集团军群和克里米亚以北所有部队的指挥权，让他成为重新恢复建制的南方集团军群的司令官。现在,他准备收回这位元帅的全部指挥权。但是所有将曼施坦因解职的想法都在接到苏军装甲部队正向扎波罗热逼近的报告时打消了。唯一一位被解职的高级军官就是兰茨将军,他成了丢掉哈尔科夫的替罪羊。

曼施坦因向希特勒简要介绍了整个局势，位于顿涅茨盆地的米乌斯河的战线还在坚守，然而向着哈尔科夫西南第聂伯河方向突击的强大苏军部队已经在截断南方集团军群的补给线。曼施坦因麾下方才重新组建的兵团多数都受到被包围的威胁。

一支德军纵队正从列宁格勒以南 200 英里处的德米扬斯克突出部撤出。在 2 月份，10 万名德军部队放弃了像半岛状的突出部，销毁所有他们无法运走的东西，包括数百吨的弹药和 700 吨食物。

曼施坦因现在提出了一个大胆的计划，这已经在他头脑中逐渐成形。他将把其所有机动部队集中到 5 个坦克军中——其中 3 个坦克军可即刻到位——力求击退那些战线拉得太长的苏军纵队。西格弗里德·亨里希将军的第 40 坦克军将歼灭波波夫的装甲集团，同时在北面，豪塞尔的党卫队师将与奥托·冯·克诺伯斯多夫将军的第 48 坦克军兵合一处粉碎苏军第 6 和近卫第 1 集

团军的侧翼。这是一个冒险的主张，因为曼施坦因将不得不减弱正在遭受沉重压力的米乌斯河防线，以便调集足够的部队进行此次反突击。如果成功了，则帝国在东部前线最黑暗的时刻将被转变为一次令人震惊的胜利。

希特勒回复要求立即重新夺回哈尔科夫。双方都坚定己方立场，互不退让，此次会面最终演变成曼施坦因所称的"另一场无休止的争论"。他们第二天再度会面，却被某些消息打断并终止了这场辩论：苏联人已经攻占了帕夫洛格勒，并已前进到距第聂伯河40英里范围内，距离此刻还在不断争吵的希特勒和曼施坦因仅60英里。有消息说，按希特勒的计划将承担进攻哈尔科夫主攻任务的党卫队第三师"骷髅"师，在波尔塔瓦附近陷入了泥沼之中。希特勒别无选择，只好让曼施坦因继续实行他的反攻计划。

第二天，即2月19日，更多令人担忧的消息传来：一支苏军的装甲部队攻占了距扎波罗热40英里处的铁路枢纽，切断了德军部队与米乌斯河区部队唯一的铁路联系。在这一时刻，已没有任何一支大规模的德军部队能够防御正在向希特勒所在阵地突进的苏军。几个小时后，当希特勒登上那架私人专用的、设计特别的FW200"秃鹰"式并且两侧有一对"ME109"战斗机护航的"元首专机"时，领头的红军坦克距飞机场已仅有6英里。曼施坦因向元首道别，如释重负。至少在此刻他可以短暂摆脱元首的掣肘，放手施行自己的计划。

就在希特勒飞回拉斯滕堡的当天,第 15 步兵师从法国赶到了东部前线。该师的到来,使得位于西内尔尼科沃村的关键性铁路枢纽陷落仅一天后,曼施坦因就能重新夺回该地。从大西洋岸边拉罗谢尔运送该师的第一趟列车于 2 月 19 日后半夜跨过第聂伯河,曼施坦因命令该部继续向西内尔尼科沃进发,直接投入战斗。领头的列车于拂晓前抵达该枢纽站。3 个连的德军迅速展开行动并打垮了大惊失色的苏联人。运载着另外 4 个连外加反坦克炮的第二趟列车及时到达,极有助于固守该村庄以及击退苏军的反攻。

曼施坦因现在为第 40 坦克军跳出波波夫装甲集群的合围开了绿灯,后者刚刚切断了斯大利诺和第聂伯罗

彼得罗夫斯克间的铁道线。当党卫队"维京"师与波波夫的前锋部队激战时，第7和第11坦克师攻击了其侧翼和后方。至2月20日后半夜为止，被围困的波波夫向他的上级请求允许其撤退。从西南方面军总司令尼古拉·瓦图京将军处得到的答复是，苏军指挥部仍然认为德军将向第聂伯河方向撤退。答复还批评了波波夫缺乏活力，并命令他不许撤退而是发动进攻。

这3个德军师从不同方向向波波夫猛攻，不断袭扰其补给线并痛击其燃料匮乏的坦克和摩托化纵队。波波夫试图向北撤退。他的上级仍然没有意识到灾难的降临，电令他"使用一切可能的手段阻击并歼灭敌军"。相反，正是波波夫自己的集团军将被歼灭。

在希特勒从曼施坦因司令部所在地仓皇逃离的同

2月21日早晨，阿道夫·希特勒冲锋队即党卫队坦克近卫师的一名营级指挥官马克斯·温舍少校正指挥他的车队前进。两天前，曼施坦因命令党卫队坦克军进攻一支苏军先头部队过于伸长的侧翼，该先头部队已经深入推进到他的集团军群在哈尔科夫以南的阵地后方。

一天，德军钳形攻势的第一次突击开始实施。曼施坦因的命令言简意赅："击败苏联第 6 集团军。"豪塞尔的党卫队坦克军狠狠地打击了苏军北翼。沃尔夫冈·冯·里希特霍芬元帅第 4 航空队的俯冲轰炸机猛烈轰炸了苏联人，而这一联合攻击干掉了两个苏联步兵师，在战线上打开了一个 25 英里的突破口。

钳形的另一支即克诺伯斯多夫的第 48 坦克军，攻入第 6 集团军的南翼并奋勇前进于 2 月 22 日同"帝国"师会合。向第聂伯河突进的苏军最强部队的前锋部队现在被掐断了补给线，而且与增援部队失联了。被德军回马枪杀得混乱不堪的苏联第 6 集团军司令部给其前锋部队下达了一个不可能完成的任务："恪守你们的命令，向扎波罗热推进。"与此同时，已击毁波波夫并粉碎了

坦克近卫部队在 2 月份最后几天的肃清行动期间，正穿过哈尔科夫西南 25 英里处的一片白雪皑皑的地区。

1943 年前几个月在乌克兰的战役是党卫队的各个师首次集中作为独立军团参与作战。保罗·豪塞尔的党卫队坦克军的 3 个党卫队坦克近卫师——阿道夫·希特勒卫队师（照片中的人员），帝国师，以及骷髅师——在其阻挡苏军企图歼灭南方集团军群的会战中作为精锐部队建立起他们的盛名。在其左侧衣袖上，每一名党卫队成员都戴有一个袖标，这是一块巴掌大的刺绣，标上其团或师级单位（如插图）。"元首"和"德国"字样属于帝国师的团。这一时期在苏联南部服役的德军党卫队日耳曼尼亚团与来自维京师的斯堪的纳维亚以及低地国家（如荷兰、比利时——译者注）的志愿者一道作战。

其集团军精锐部队的德国军队现在已转向东北方向的哈尔科夫。

　　曼施坦因非常满意地阅读了记录他的冒险计划按部就班执行的"公报"——数量上和武器上都胜过苏军的德军在苏军土地上的最后一次攻势。一支被派出的部队报告说该部击毙了2.3万名苏军并且俘虏了9000余人。另一份报告则称，已经突破到距曼施坦因司令部仅几英里处且燃料耗尽的苏军坦克被歼灭。被击溃的苏军部队人员据说正在以小股向东面撤退。

　　2月24日，苏军司令部开始转为防御态势，这也从侧面说明了这些报告的准确性。当第40坦克军歼灭

　　3月份，为了支援重夺哈尔科夫的进攻，从一个烟幕喷射器阵地上发出的火箭弹飞速射向该城外的苏军阵地。这些多管式的火炮最初是为了释放烟幕或毒气瓦斯所设计，可以射出具有毁灭性威力的150毫米或210毫米火箭弹。

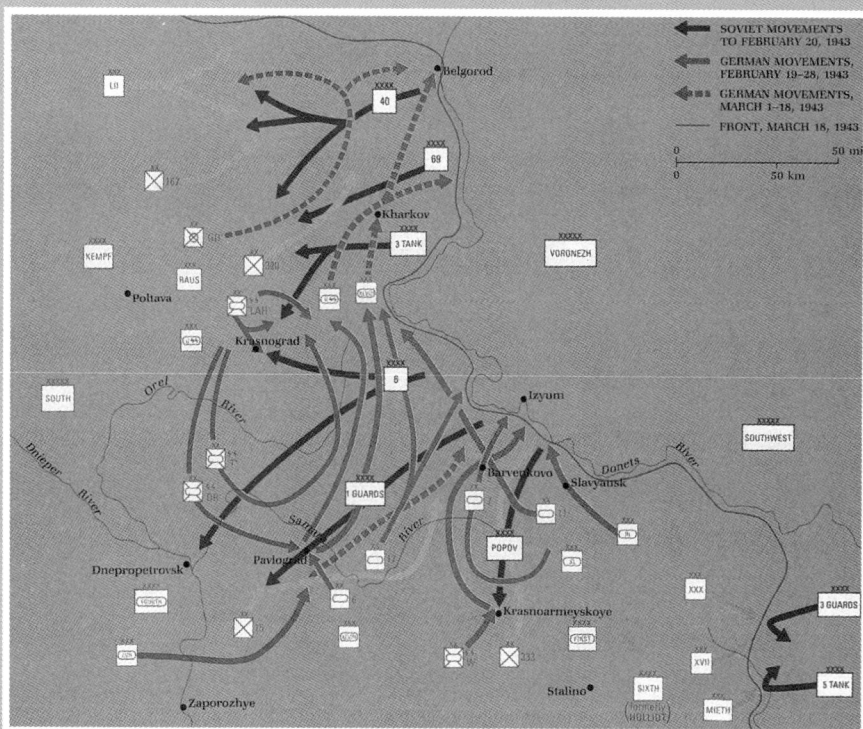

曼施坦因的反击攻势于2月19日开始，当时第40坦克军猛击陷于停顿的波波夫装甲集团，而党卫队第2军和第48坦克军合兵一处，攻击苏军第6军和近卫第1集团军的侧翼。反攻出人意料地彻底击垮了战线过长的苏军，而截止到该月底，德军将3个苏联集团军残部赶回到顿涅茨河对岸。随着南方集团军群背后的威胁已解除，坦克部队转向北方并在3天残酷的巷战之后于3月15日重新夺取了哈尔科夫。3月18日夺取别尔哥罗德之后，这些反击部队最终在春天的泥泞中偃旗息鼓。

3月11日，在一对豹Ⅳ型坦克支援下，党卫队近卫坦克部队一步步地向哈尔科夫北部推进。在该城内部激烈的战斗之后（见插图），该部德军于3月15日重新夺取了哈尔科夫。

了波波夫集团并向他们曾于 1 月份放弃的顿涅茨河阵地突破时，一支由几支部队余部组成的换防部队居然阻击它的前进达 4 天之久，直到 2 月 28 日为止。苏军试图以一次坦克攻击解除第 6 与第 1 近卫集团军的压力，但是德军第 4 航空队的俯冲轰炸机却在其集结区域拦截了该部，同时第 48 坦克军在其跨过顿涅茨河后撤以前包围了撤退苏军的余部。

曼施坦因想要跨过仍然冰冻的顿涅茨河追击苏军并且绕至哈尔科夫背后，但他十分担忧解冻后的泥泞沼泽会困住他的部队。此时所有人都在忧心"泥泞将军"又要来了。作战人员的态度也随着他们阵地情况的逆转

而变化：两个星期前，德军曾经祈求早一点儿解冻；现在则是苏军祈求了。苏联人损失了 615 辆坦克、400 门重炮，以及 600 门反坦克炮，还有 10 万人阵亡和负伤。只这简单的一举，曼施坦因就化解了自他们 1941 年 6 月份入侵苏联以来威胁到德军的最大的一次危险。

在不到一周时间内，德军就控制住了斯大林格勒方面的损失，保有顿涅茨河盆地多数地区的控制权，并至少歼灭了 3 个苏军集团军的 1/10。由于苏军包围的威胁已过，曼施坦因正准备向希特勒献上他想要的礼物：重夺哈尔科夫。在出人意料地击败苏军第 6 集团军后，第 48 军和党卫队坦克军趁热打铁，转而向北方该城市进攻，豪塞尔在左侧，克诺伯斯多夫在右侧。截止到 3 月 8 日，他们的先头部队已进抵该城郊区。苏军在豪塞尔前进的道路上挖了一道 16 英尺宽、7 英尺深的反坦克壕沟，但是他的近卫坦克部队在其墙体上打开通路并席卷而过。到 3 月 11 日为止，尽管此时战斗仍在该城其他部分一个区接一个区、一座房屋接一座房屋地进行着，德军已经占领了哈尔科夫的红场。柏林的电台在小号和军队音乐的伴奏下，已先期声称在 3 月 14 日夜间重新夺回哈尔科夫，而第二天一份苏军公报亦承认了失败。"我们的部队，"文中写道，"在激烈战斗多日之后，接到统帅部的命令撤离了哈尔科夫城区。"

3 天后，德军重占哈尔科夫以北的一座小城别尔哥罗德。苏军撤退到顿涅茨河后方检视其在冬季攻势中的损伤：52 个师和旅包括 25 个装甲部队都受到来自德国方面的打击，许多幸存的部队仅剩下了"骨架"，不过这无法抹煞冬季攻势所取得的辉煌战果。现在的苏军面临着重重困难，主力遭受沉重打击，战线千穿百孔，而且暂无预备役可继续参战。

然而，此时，"泥泞将军"开始发威，穿过乌克兰广阔平原的公路和铁路变得泥泞不堪，部队寸步难行。东部前线的战争时打时停。

最具有讽刺意味的是，军事行动因解冻暂时停摆时，作战双方各自占据的阵地与一年前几乎相同，士兵们眼前所见的景象与一年前并无二致：土地上遍布着废墟，发臭的战壕沿着泥泞的河岸蜿蜒。所有的残杀、部队调动、计算预测与高超的战术都无济于事，只有僵持不下—以及差不多同样的前景。凭其天才智慧将德军从灾难中解救出来的曼施坦因认为，他的国家所能期望的最好结果就是平局。任何夺取莫斯科、斯大林格勒或者列宁格勒的希望都会化为泡影。然而曼施坦因的上级阿道夫·希特勒，却仍然相信胜利是可能的，只要德军再占据一次上风，兴许就能榨干苏军的最后一滴血。

图书在版编目 (CIP) 数据

斯大林格勒 / 美国时代生活编辑部编；罗宁晖译
. —— 修订本 . —— 海口：海南出版社，2015.1（2022.7 重印）
（第三帝国）
书名原文：The third reich:The road to
Stalingrad

  ISBN 978-7-5443-5807-1

Ⅰ.①斯… Ⅱ.①美… ②罗… Ⅲ.①斯大林格勒保
卫战（1942 ~ 1943）- 史料 Ⅳ.① E512.9

中国版本图书馆 CIP 数据核字 (2014) 第 271439 号

第三帝国：斯大林格勒（修订本）
DISAN DIGUO: SIDALIN GELE (XIUDING BEN)

作　　者：美国时代生活编辑部
译　　者：罗宁晖
选题策划：李继勇
责任编辑：张　雪
责任印制：杨　程
印刷装订：北京兰星球彩色印刷有限公司
读者服务：唐雪飞
出版发行：海南出版社
总社地址：海口市金盘开发区建设三横路 2 号
邮　　编：570216
北京地址：北京市朝阳区黄厂路 3 号院 7 号楼 102 室
电　　话：0898-66812392　010-87336670
电子邮箱：hnbook@263.net
经　　销：全国新华书店经销
版　　次：2015 年 1 月第 1 版
印　　次：2022 年 7 月第 2 次印刷
开　　本：787mm×1092mm　1/16
印　　张：15
字　　数：180 千
书　　号：ISBN 978-7-5443-5807-1
定　　价：45.00 元